Gewerkschaft Erziehung und Wissenschaft (Hrsg.)

Bildung sichtbar machen

Gewerkschaft Erziehung und Wissenschaft (Hrsg.)

Bildung sichtbar machen

Von der Dokumentation zum Bildungsbuch

verlag das netz

Weimar · Berlin

Bitte richten Sie Ihre Wünsche, Kritiken und Fragen an:
verlag das netz
Redaktion Betrifft KINDER
Wilhelm-Kuhr-Str. 64
13187 Berlin
Telefon: +49 30.48 09 65 36
Telefax: +49 30.48 15 686
eMail: evagrueber@verlagdasnetz.de

Im Gesprächskreis »Bildungsbuch« der GEW haben mitgearbeitet:
Anja Bergmann (Winnenden), André Dupuis (Berlin), Bernhard Eibeck (Frankfurt am Main), Norbert Huhn (Halle),
Beate Irskens (Frankfurt am Main/Gütersloh), Torsten Krey-Gerve (Melle), Angelika Nyga (Gotha), Dr. Roger Prott (Berlin),
Dr. Michaela Rißmann (Erfurt), Kornelia Schneider (München), Doris Tüngerthal (Gotha) und Erni Schaaf-Peitz (Wittlich).

ISBN 3-937785-41-8

Gestaltung: Jens Klennert, Tania Miguez
Fotos: S. 27, 31, 33, 46 DJI-Projektteam »Bildungs- und Lerngeschichten«, alle anderen Torsten Krey-Gerve
Druck und Bindung: COLOR-DRUCK ZWICKAU GmbH & Co. KG
Printed in Germany
Weitere Informationen finden Sie unter www.verlagdasnetz.de

In diesem Buch

Editorial

»Bildung ist subjektive Weltaneignung in einem Prozess des individuellen Wachsens und in der Auseinandersetzung mit den Anforderungen der Gesellschaft. ... Bildung entsteht zwar nirgendwo anders als im Menschen selbst, aber niemals allein. Bildungsprozesse sind soziale, kommunikative Prozesse zwischen Kindern und zwischen Kindern und Erwachsenen.«

Mit diesen Sätzen skizziert der Rahmenplan frühkindlicher Bildung, den die GEW im Jahr 2002 in die Diskussion gebracht hat, einen Begriff von Bildung, wie er für die Pädagogik der frühen Kindheit maßgeblich ist. In fast allen Bildungsplänen für Kindertagesstätten wird er aufgegriffen.

In den Bildungsplänen wird auch verlangt, Bildung zu beobachten und zu dokumentieren. Wie kann das gehen? Wie kann man Bildung sichtbar machen? Ist das Bildungsbuch ein gangbarer Weg durch den Dschungel von standardisierter Leistungsmessung und buntem Fotoalbum? Davon handelt dieses Buch.

Bernhard Eibeck skizziert den Werdegang der Bildungsbuch-Idee und markiert sechs Leitsätze. Das Bildungsbuch soll das Lern-Buch des Kindes sein, Ressourcen fördern und Perspektiven eröffnen, Transparenz im Team schaffen, die Beziehungen zu den Eltern verbessern, die Kompetenzen der Erzieherinnen stärken und gute Voraussetzungen für den Übergang in die Schule schaffen.

Norbert Huhn und **Kornelia Schneider** laden ein, die Interessen von jungen Kindern am Dokumentieren zu erkunden. Sich einerseits darauf einlassen, was Kinder initiieren, und andererseits selbst Impulse zu setzen, bildet die Brücke um Bildungsdokumentation im Dialog mit Kindern zu entwickeln. In einem Bildungsbuch, das als gemeinsames Werk von Kindern und Erwachsenen entsteht, nehmen Lerngeschichten einen wichtigen Platz ein. Auch beim Erstellen von Lerngeschichten ist die Mitwirkung der Kinder gefragt. »Was kommt als nächstes?« – die Frage, mit der die Lerngeschichten enden, ist eine Entscheidung von beiden.

Beobachtung und Dokumentation sind zwar im Alltag von Kindertagesstätten nicht unbedingt neu. Neu sind allerdings die Intensität, das Niveau der Reflexion und die stringente Einbindung in die pädagogische Praxis. Das Bildungsbuch läuft nicht neben her, sondern ist zentrales Medium. Dementsprechend müssen auch strukturelle und konzeptionelle Voraussetzungen und Standards für Fachkräfte und Träger gewährleistet sein. **André Dupuis** macht dazu einige Ausführungen und legt besonderen Wert auf Teamarbeit und Fortbildung.

Die Kita-Bildungspläne der Länder hat **Bernhard Eibeck** daraufhin durchgesehen, ob und wie Beobachtung und Dokumentation angesprochen werden. Das ist in fast allen – mit Ausnahme der Länder Mecklenburg-Vorpommern, Sachsen-Anhalt und Thüringen – der Fall.

In seinem Beitrag »Die Aufgabe der Dokumentation und die Rechte von Kindern im pädagogischen Alltag« erklärt **Roger Prott** die rechtliche Situation, in die Dokumentationen eingebettet sind. Er problematisiert die offensichtliche Diskrepanz zwischen dem viel strapazierten Wort vom »Recht des Kindes auf…« und der weithin zu findenden Bereitwilligkeit, Kinder zugunsten von Bildung einer Dauerbeobachtung zu unterziehen. Ein zweiter Kernpunkt seines Beitrages ist dem Schutz der Sozial-

daten beim Übergang vom Kindergarten zur Schule, einschließlich der Elternrechte, gewidmet.

Vier Momentaufnahmen aus der Praxis zeigen Kindertagesstätten, die sich auf den Weg gemacht haben, die Bildung ihrer Kinder festzuhalten. Die vier Einrichtungen nehmen auf Initiative der GEW am DJI-Projekt Bildungs- und Lerngeschichten teil. Die Ergebnisse sind sehr unterschiedlich. Sie hängen ab von den Eigenheiten der Träger, der Bildungslandschaften, der Menschen. Sie zeigen unterschiedliche Geschwindigkeiten und Standpunkte. Sie sollen ermuntern, das Bildungsbuch für sich zu entdecken und zum Ausprobieren anstiften. **Gesine Kulcke** hat die Einrichtungen besucht und portraitiert. Sie kam nicht als Pädagogin, als Beraterin oder Wissenschaftlerin. Sie ist Journalistin und hat beobachtet und aufgeschrieben, was sie gesehen und gehört hat. Ihr »Blick von außen« war uns wichtig. So sind Momentaufnahmen entstanden, mit Originaltönen, Bildern und Dokumenten: Ganz so, wie sie auch in jedes Bildungsbuch gehören. Nah an den Menschen und stets auf der Suche nach Potentialen und Perspektiven.

Roger Prott versucht am Ende des Buches eine vorläufige Vergewisserung. Er stellt verschiedene Aspekte des Themas Dokumentation zusammen und spürt dabei sowohl bereits geklärten Positionen als auch noch offenen Fragen nach, die das Bildungsbuch von anderen Dokumentationsformen unterscheiden.

Damit schließt sich der Kreis. Und die Leser kommen zurück zum Vorwort der Herausgeber, **Norbert Hocke** und **Bernhard Eibeck**, die eine Einladung aussprechen, am Experiment Bildung teilzunehmen.

Bernhard Eibeck, Februar 2006

Vorwort

Norbert Hocke und Bernhard Eibeck laden ein, am Experiment Bildung teilzunehmen.

Liebe Leserin, lieber Leser,
das Buch, das Sie jetzt zur Hand genommen haben, will Ihnen eine Orientierung geben über Ziele, Motive und Instrumente von Beobachtung und Dokumentation in Tageseinrichtungen für Kinder. Es ist eine Momentaufnahme aus der Praxis von Kolleginnen und Kollegen aus der GEW, die sich mit »dem Bildungsbuch« auf den Weg gemacht haben, Bildungsspuren von Kindern festzuhalten. Der Kita-Alltag erscheint uns oft unspektakulär, routiniert und ist doch gleichzeitig unverwechselbar einmalig und augenblicklich.

Das Bildungsbuch ist kein Buch. Ein »Buch«, so sagt das Lexikon ist ein »gebundenes oder geheftetes Druckwerk größeren Umfangs.« Was wir meinen, wenn wir Bildungsbuch sagen, sind Momentaufnahmen von Lernstationen, Aufzeichnungen eines pädagogischen Prozesses, der in der Interaktion zwischen Kindern, zwischen Kindern und Erzieherinnen, zwischen Kindern und Eltern abläuft und der daraufhin untersucht wird, ob in diesem Prozess »Bildung« geschieht. Dieses Geschehen im Kind sichtbar zu machen, ist das Anliegen. Das Werkzeug, mit dem das geschieht, nennen wir Bildungsbuch. Die Kinderperspektive ist der entscheidende Fokus.

Das Bildungsbuch ist also kein Produkt, das man herstellt und nach Gebrauch ins Regal stellt. Es ist auch kein Arbeitsnachweis erfolgreicher Pädagogik. Es ist vielmehr der sichtbar werdende Weg des Kindes zu seiner Bildung. Vielleicht wird hinterher tatsächlich ein Buch daraus, vielleicht wird es aber auch ein Ordner, eine Mappe oder eine Ansammlung von Blättern in einer Kiste.

Im Bildungsbuch, so könnte man meinen, steckt die ganze Bildung. Schön wär's – vielleicht. Das ist es aber nicht. Was meinen wir, wenn wir »Bildung« sagen? Der Begriff ist schwer zu fassen.

Manche sagen deshalb, das Wort »Bildung« sei ein Containerwort. Also ein großer Kasten, in den man alles Mögliche hineingeben kann. Man kann sorgfältig aufschichten, wild durcheinander hineinwerfen oder hochstapeln, man kann darin etwas aufheben, bewahren, aber auch entsorgen. Manchmal hat man den Eindruck, dass der Container schon bis zum Rand voll ist und man Dinge, die darin gelandet sind, schlecht wieder heraus bekommt. Wichtig ist allerdings: Bildung ist immer an das Individuum gebunden. Nur der Mensch, und zwar jeder für sich alleine, kann sich bilden und tut dies sein ganzes Leben lang – eigentlich ein aufregendes Experiment. Dieses festzuhalten, zu beschreiben, zu dokumentieren, verlangt ein hohes Maß an professionellem Handeln und die Bereitschaft, sich auf Veränderungen einzulassen.

Das vorliegende Buch soll vor allem eine Einladung sein, sich an diesem Experiment zu beteiligen.

Norbert Hocke und Bernhard Eibeck, Februar 2006

Das Bildungsbuch

Bernhard Eibeck skizziert den Werdegang der Bildungs-buch-Idee und markiert sechs Leitsätze.

In der überwiegenden Zahl der neuen Kita-Bildungs-pläne der Länder wird Wert darauf gelegt, die Entwick-lung der Kinder, ihr Lernverhalten und Fortschritte auf ihrem Bildungsweg zu beobachten und zu dokumentie-ren. Damit wird zum einen eine zum klassischen Reper-toire von Erzieherinnen gehörende Tätigkeit aufgewer-tet. Zum anderen werden aber auch einige Neuerungen eingeführt, die über das hinausgehen, was seit Jahr-zehnten in Tageseinrichtungen für Kinder Praxis ist.

Es gehört zum selbstverständlichen Arbeitsalltag, dass Erzieherinnen Kinder bei dem, was sie tun, wie sie sich in der Gruppe verhalten und was sie lernen, sorgfältig beobachten und sich über diese Beobachtungen mit den Kolleginnen austauschen. Mitunter werden Notizen an-gefertigt oder Protokolle über die Besprechung einzel-ner Kinder geschrieben. Solche Art Aufzeichnungen sind auch nützliche Unterlagen für Gespräche mit Eltern. Ein-zelne Kinder, die spezielle Unterstützung in ihrer Ent-wicklung benötigen, werden besonders intensiv beob-achtet und ihr Verhalten und ihre Entwicklungsschritte sorgfältig dokumentiert. In Zusammenarbeit mit Früh-förderstellen oder ambulanten Therapeuten dienen sol-che Dokumentationen der Sicherung und dem Nachweis der Einhaltung und Fortschreibung des Förderplanes.

Selbstverständliche Praxis ist auch, Produkte und Ge-genstände von Kindern zu sammeln. Es sind vor allem Fotografien, Zeichnungen und Gemälde, vielleicht kurze Geschichten über besondere Erlebnisse oder kleine Gegenstände, die in Mappen, Ordnern oder Kisten zu-sammengetragen werden. Kinder schauen sich diese Sammlungen gerne von Zeit zu Zeit an, zeigen sie ande-ren Kindern, erinnern sich an besondere Erlebnisse und staunen, wie sich ihre Fähigkeiten entwickelt haben. Zu besonderen Veranstaltungen, wie Tagen der offenen Tür, werden ausgewählte Exponate mitunter ausgestellt, um damit zu zeigen, wie Kinder sich im Laufe ihrer Kita-Zeit entwickeln. Am Ende der Kindergartenzeit bekommen die Kinder diese Sammlungen als Erinnerung an ihre frühen Jahre mit nach Hause.

Beobachten, Sammeln, Dokumentieren ist gleicherma-ßen für Erzieherinnen und Kinder wichtig. Außerdem verschafft es Eltern einen Einblick in das Geschehen der Kita, informiert sie über den Entwicklungsstand ihres Kindes und zeigt ihnen Seiten, die sie sonst vielleicht nie entdeckt hätten.

Dass Beobachten und Dokumentieren jetzt als Aufgabe von Erzieherinnen in Kita-Bildungsplänen aufgeführt ist, betont nicht nur deren Bedeutung. Dadurch ist auch klargestellt, dass es sich um eine Aufgabe handelt, die man nicht zusätzlich nebenher macht, sondern die zur pädagogischen Regeltätigkeit gehört. Es ist auch keine

Aufgabe, die man an eine Kollegin delegieren kann. Jede Mitarbeiterin ist aufgefordert, sich an Beobachtung und Dokumentation zu beteiligen.

Neue Kita-Bildungspläne

Warum wird in den neuen Bildungsplänen so viel Wert auf Beobachten und Dokumentieren gelegt? Wie kamen die Autorinnen und Autoren – meist aus wissenschaftlichen Instituten der Frühpädagogik – zu der Überzeugung, dass es wichtig ist? Welches Motiv haben die Herausgeber der Bildungspläne, die Jugend- und Kultusminister?

Die Entstehungsgeschichte der Bildungspläne speist sich aus zwei Quellen: Da ist zum einen die Studie von Prof. Dr. Wolfgang Tietze aus dem Jahr 1998, der sich mit der Frage beschäftigt hat »Wie gut sind unsere Kindergärten?«. Tietze hat das ernüchternde Ergebnis zu Tage gefördert, dass nur in einem Drittel der Einrichtungen gute pädagogische Arbeit geleistet wird. Die Dramatik dieses Befundes wird noch dadurch gesteigert, dass ein weiteres Forschungsergebnis belegt, dass Kinder, die einen guten Kindergarten besucht haben, in der Grundschule einen Entwicklungsvorsprung von bis zu einem Jahr haben. Die Qualität frühkindlicher Pädagogik wurde durch die Veröffentlichung dieser Studie geradezu zu einer Schicksalsfrage für die Bildungsbiografie von Kindern. Man kam nicht mehr umhin anzuerkennen, dass frühkindliche Pädagogik Kindern entscheidende Entwicklungsperspektiven gibt. Tageseinrichtungen sind eben keine Aufbewahrungsstätten für Kinder stressgeplagter berufstätiger Eltern oder nur vergnügliche Orte für Spielen, Singen, Basteln, sondern ernstzunehmende Bildungseinrichtungen. Die in der Folge der Veröffentli-

chung dieser Studien aufgekommene öffentliche Diskussion veranlasste die damalige Bundesjugendministerin, Dr. Christine Bergmann, eine »Nationale Qualitätsinitiative« in Gang zu setzen. Eine Reihe von Wissenschaftlerinnen und Wissenschaftlern wurden gebeten, Vorschläge zur Verbesserung der Qualität für alle Bereiche des Kindertagesstättenwesens zu machen.

Die zweite Quelle für die Entstehung von Kita-Bildungsplänen liegt in Schweden. Nach der für das deutsche Schulwesen so desaströs schlechten PISA-Studie stellte man sich die Frage: Was unterscheidet denn die »PISA-Sieger-Länder« so sehr von uns, dass ihre Ergebnisse so deutlich besser sind? Ein auffälliges Merkmal des Bildungswesens in Schweden ist, dass man anders als hierzulande nicht der Auffassung ist, »Bildung« beginne erst in der Schule, sondern auf sehr systematische Weise, in kleinen Gruppen und mit an Hochschulen ausgebildeten Erzieherinnen bereits in Kindertagesstätten, die Bildungsprozesse von Kindern fördern. Zahlreiche Experten haben dazu geraten, in Deutschland den Bildungsauftrag von Kitas stärker zu betonen und genauer herauszuarbeiten, wie er umgesetzt werden kann.

Bildungspläne in drei Richtungen

Seit dem Jahr 2003 wurden sukzessive in allen Bundesländern Bildungs- und Erziehungspläne für Kindertagesstätten entwickelt. Im Hinblick auf ihren wissenschaftlichen Hintergrund und die pädagogischen Absichten kann man, wie die folgenden Beispiele zeigen, die Bildungspläne in drei Richtungen einordnen.

Der Bayerische Bildungs- und Erziehungsplan geht zum einen davon aus, dass Kinder nicht aus sich heraus lernen. Sie bedürfen nicht nur der Anleitung zum Handeln,

sondern vor allem der Anleitung zur Reflexion. Erst aus reflektierter Tätigkeit, aus intellektuell verarbeiteter Erfahrung werde Bildung. Zum anderen geht er von Lebensrisiken der Kinder aus. Kinder müssten im Umgang mit Risiken (Resilienz) und im Umgang mit Brüchen und Übergängen (Transition) gestärkt werden. Dieser Aufgabe habe sich Kita-Pädagogik zu stellen.

Das Berliner Bildungsprogramm folgt der Tradition des Situationsansatzes. Es sieht das Kind im Erleben seiner Alltagswirklichkeit und im Verhältnis zu sich selbst, zur Gruppe der Gleichaltrigen und im Verhältnis zur Umwelt und leitet daraus Bildungsthemen ab.

In Nordrhein-Westfalen strebt man an, dass die Kita ein bestimmtes Profil an Kompetenzen für Schulfähigkeit hervorbringt.

Vor dem Hintergrund dieser unterschiedlichen wissenschaftlichen Denkrichtungen und bildungspolitischen

Motive kann man die Methodik und Zielrichtung des in den einzelnen Bildungsplänen jeweils vorgeschlagenen Dokumentationswesens beurteilen. Ein Bildungsplan, der stärker in Richtung Schulfähigkeit geht, wird Kinder daraufhin beobachten, wie erfolgreich ihre Lernprozesse ablaufen und man wird dokumentieren, welche Kompetenzen sie erworben haben und worauf die Schule aufbauen kann. Die ko-konstruktiv orientierte Pädagogik verlangt Beobachtungen und Dokumentationen, die geeignet sind, das Lernen der Kindern in ihrem Tun wahrzunehmen, es mit ihnen zu reflektieren und Entwicklungsschritte und Bildungsverläufe systematisch zu erarbeiten.

GEW entwickelt Konzeption für das Bildungsbuch

Die GEW hat sich in der Diskussion um die Verbesserung der frühkindlichen Bildungsqualität bereits 1999 auf eine besondere Variante von Dokumentation festgelegt und diese Variante »das Bildungsbuch« genannt. Dabei spielte der Blick in das Bildungswesen anderer Länder eine herausragende Rolle. So war es hochinteressant zu sehen, wie zum Beispiel in schwedischen Schulen die Förderung von Bildungsprozessen individuell organisiert wird. Nicht der Lehrplan schreibt vor, was eine Schulklasse in welchem Fach und in welchem Jahr verbindlich zu lernen hat, sondern die einzelnen Schülerinnen und Schüler entwickeln die Pläne für ihr Lernen in Zusammenarbeit mit den Lehrerinnen und Lehrern selbst. Daraus entsteht ein höchst individuelles so genanntes »Portfolio«. Darin notiert jede Schülerin und jeder Schüler nach Beratung mit der Lehrkraft, an welchem Gegenstand sie oder er welchen Lernschritt gehen will und wie viel Zeit dafür eingeplant wird. Auch die Schritte und Ergebnisse des Lernweges werden darin festgehalten. So ist das »Portfolio« ein hoch wirk-

sames individuelles, selbst bestimmtes und dennoch zielgerichtetes Instrument der Bildungsprozessplanung und -steuerung. Das Entscheidende dabei ist: Der Lernweg des einzelnen Schülers wird nicht von außen der Schule vorgegeben, die dann die einzelnen Lernschritte mit dem Jugendlichen abarbeitet, sondern der Schüler selbst definiert sein Lernen und bestimmt sein Tempo. Dieses Beispiel gab den Impuls, darüber nachzudenken, wie man das Lerngeschehen und die Steuerung von Bildungsprozessen einerseits systematisch betreiben kann, andererseits aber die Individualität eines jeden Kindes und Jugendlichen achtet und seine Potentiale zur Eigentätigkeit und Selbstverantwortlichkeit fördert.

Ein weiteres, die Konzeption »Bildungsbuch« prägendes Moment waren Erfahrungen und Eindrücke aus Südafrika. Im Rahmen einer weltweiten Konferenz der Organisation Mondiale pour l'Éducation Préscolaire (OMEP), eines Zusammenschlusses von in der frühkindlichen Pädagogik tätigen Praktikern und Wissenschaftlern aus über 60 Ländern, war es im Oktober 2002 möglich, Bildungspläne und Curricula aus allen Erdteilen kennenzulernen. In allen spielt die Beobachtung und Dokumentation eine herausragende Rolle. Es war höchst eindrucksvoll zu sehen, wie in den unterschiedlichsten Kindertagesstätten rund um den Konferenzort Durban, seien es Eliteeinrichtungen, seien es kleinste Kinderhäuser in Slums, Portfolios angefertigt wurden. Das Wichtigste in diesen Dokumenten war immer, den Kindern Raum zu geben, sich selbst darzustellen.

Experten empfehlen sechs Leitsätze

Im Januar 2003 berief die GEW einen »Gesprächskreis Bildungsbuch« ins Leben. Experten aus der Praxis, der Wissenschaft und der Fortbildung beraten seitdem die

GEW in Fragen der Beobachtung und Dokumentation von Bildungsprozessen. Zunächst war die Diskussion sehr stark davon geprägt, wie man erreichen kann, frühkindliche Bildung als systematisch anzugehende Aufgabe in Tageseinrichtungen für Kinder zu verankern, ohne auf die aus der Schule bekannten curricularen und didaktischen Verfahren zurückgreifen zu müssen. Man wollte nicht, dass Tageseinrichtungen für Kinder pädagogisch organisiert werden wie (Vor-)Schulen mit Lehrplänen, sachbezogenen Unterrichtseinheiten und Leistungsbewertung. Gleichwohl sah man sich in der Verantwortung nachzuweisen, dass die frühkindliche Pädagogik sehr wohl eigene Verfahren entwickeln kann, die dem Anspruch gerecht werden, mit kleinen Kindern systematisch und erfolgreich zu lernen. Das Vorbild des schwedischen Portfolio schien geeignet, diesen Anspruch einzulösen. Die Bildungsdokumentation sollte so etwas werden wie der individuelle, mit dem Kind und seinen Eltern ausgehandelte »Bildungsplan«. Die Dokumentation verbindet die Beobachtung der bereits erfolgreich geleisteten Schritte mit der Planung der nächsten. Und sie sollte noch ein zweites leisten: der Erzieherin Sicherheit geben, dass sie jedes Kind individuell fördert und keines zurücklässt. Die Bildungsdokumentation ist somit auch eine Art Arbeitsnachweis für die Erzieherin, in ihr werden die Erfolge ihrer Bemühungen festgehalten, ihre Tätigkeit und ihr Engagement werden transparent und damit auch aufgewertet.

Im Laufe der Diskussion und vor allem in der kritischen Auseinandersetzung mit Dokumentationsverfahren, die in der Praxis entstanden, schälte sich ein Problem als besonders bedeutsam heraus: Alle bis dahin bekannten Methoden fußten auf Beobachtungen der Erzieherinnen. Sie werden von den Erzieherinnen ausgewertet, reflektiert, im Team diskutiert. Sie dienen dem Austausch mit den Eltern und mitunter auch der Information der Grundschule über die Entwicklung, das Lernverhalten und den Leistungsstand der Kinder. Die Kinder sind nicht mit einbezogen, sie sind lediglich Objekte der Beobachtung.

Dem Gesprächkreis ging es aber darum, konsequent an dem pädagogischen Grundgedanken festzuhalten, dass Kinder selbst die Akteure im Bildungsgeschehen sind, dass es die Kinder sind, die sich bilden und Erzieherinnen mit ihren professionellen pädagogischen Methoden sich als Wegweiserinnen und Unterstützerinnen verstehen.

Demzufolge muss auch die Bildungsdokumentation die Kinder als Akteure ernst nehmen. Aus dieser Einsicht und mit diesem Anspruch formulierte der Gesprächskreis den:

Leitsatz Nr. 1:
Das Bildungsbuch ist das Lern-Buch des Kindes.

Kinder leben in einer dinglichen Welt. Ihre Spiele, ihre Phantasie, ihre Träume, materialisieren sich an Gegenständen. Jeder kennt solche Situationen, wenn Jan einen Holzklotz in die Hand nimmt und voller Überzeugung sagt; »Das wäre jetzt ein Flugzeug. Und ich wäre der Pilot.« Sie drücken ihre Gefühle aus, indem sie Puppen Namen geben, sie lieb haben oder auf sie einschlagen. Sie ordnen ihre Welt, wenn sie »Vater, Mutter, Kind« spielen und sich mit deren Rollen identifizieren. Lernen ist für das Kind ein nicht zu begreifender Vorgang. Für das Lernen gibt es nichts Materielles. Allenfalls eine Belohnung in Form von Gummibärchen, wenn Lena es geschafft hat, fünf unterschiedlich große Bauklötze zu einem Turm aufeinander zu stapeln. Lena kann sich den Zusammenhang zwischen auf dem Boden liegenden Bauklötzen, aufeinander stehenden Bauklötzen, dem Lob der Erzieherinnen und Gummibärchen konstruieren. Möglicherweise ist das für Lena deshalb interessant, weil sie sich davon verspricht, dass sie auch beim nächsten erfolgreichen Stapelversuch wieder Gummibärchen bekommt. Und wie groß ist die Enttäuschung, wenn das nicht funktioniert, weil die Erzieherin ja nicht das sich ständig wiederholende Aufeinanderstapeln belohnen will, sondern den Lernprozess. Vielleicht hat sich die Erzieherin vorgenommen, Lena als nächsten Lernschritt dazu zu animieren, nur gleichfarbige Holzklötze aufeinander zu stapeln. Lena würde von sich aus nicht erkennen, dass sie etwas gelernt hat. Sie kann nur darauf hoffen, dass das gleiche Tun zum gleichen Ergebnis führt. Sie wird es ausprobieren und dabei erfahren, wie die Steine aufeinander halten. Wenn Pädagogik der frühen Kindheit Bildungsprozesse anregen und das Bewusstsein der Kinder fördern will, dass sie lernen und wie sie lernen, muss man Kindern ein Medium anbieten, wie sie ihr eigenes Lernen sehen können. Das Bildungsbuch bietet dieses Medium. Allerdings nur dann, wenn es das Buch des Kindes ist. Das Kind muss sich mit ihm identifizieren. Es muss sehen, dass es selbst in dem Buch steckt. Natürlich können Kinder das Bildungsbuch nicht selbst anlegen, schreiben und aufbewahren. Sie allein sind es aber, die darüber bestimmen, was hinein soll und – vielleicht noch wichtiger – was nicht hinein soll oder was wieder daraus entfernt wird. Indem das Bildungsbuch die Lerngeschichte(n) der Kinder festhält, ermöglicht es dem Kind Reflexionen über sich selbst auf einer über den Dingen stehenden Ebene. Es erlebt nicht nur Freude, Neugier, Erfolg, sondern lernt eine neue Kategorie kennen: das Bewusstwerden der eigenen Bildung im Dialog über einen selbst gesteuerten, selbst erfahrenen und immer weiter und tiefer gehenden Prozess. Diesem Leitsatz folgen fünf weitere:

Leitsatz Nr. 2:
Das Bildungsbuch fördert Ressourcen und eröffnet Perspektiven.

»Lob ohne Tadel ist wie Brot ohne Butter.« »Man muss Kinder bei Zeiten daran gewöhnen, dass sie nicht immer Erfolg haben.« »Kinder brauchen klare Rückmeldungen über ihre Leistungen.« Man könnte die Reihe solcher Art Zitate noch lange fortsetzen.

Unter Experten wie Praktikern, die sich mit Beobachtung und Dokumentation beschäftigen, ist man sich einig, dass es nur »ressourcenorientiert« geht. Man will nicht Leistung bewerten, Kinder nicht untereinander in Rangfolgen auflisten, nicht Erfolgreiches gegenüber Misslungenem hervorheben. Es geht darum, die Potentiale, die Begabungen, die Ressourcen zu betrachten und zu beschreiben. Was kann Jan schon und was sind die Stärken von Lena? Diese Sichtweise hebt sich deutlich und wohltuend von der Tradition des Zensierens, des Bewertens und Einordnens ab. Es vermindert die Gefahr, Kinder nach Leistungsklassen zu sortieren und in begabte und unbegabte einzuteilen. Es vermeidet Etikettierungen. Wenn man mit dem Bildungsbuch allerdings nicht nur das Geschehene dokumentieren will, sondern auch neues Lernen anregen will, muss man einen Schritt weitergehen: Man muss die Ressourcen des Kindes nutzen und Perspektiven entwickeln.

Welche Interessen hat Lena und welcher Schritt könnte Jan auf seinem Lernweg der nächste sein? So können in das Bildungsbuch auch Verabredungen mit dem Kind darüber aufgenommen werden, was die nächsten Lernprojekte sind. Vielleicht will Jan sich in nächster Zeit mehr Mühe geben, Lena geduldiger zuzuhören. Und Lena nimmt sich vor, den Umgang mit der Säge zu lernen.

Leitsatz Nr. 3:
Das Bildungsbuch schafft Transparenz im Team.

Wie viel wissen Erzieherinnen eigentlich gegenseitig von ihrer Arbeit? Es gibt Team- und Dienstbesprechungen, auf pädagogischen Tagen wird das Konzept der Einrichtung entwickelt. Möglicherweise kann man sich für einen gewissen Zeitraum sogar Supervision leisten. Aber was im Alltag wirklich geschieht, welche Erziehungsstile sich durchsetzen, wer welche (heimlichen?) Lieblingskinder hat, bleibt meist im Verborgenen. Im Bildungsbuch des Kindes spiegelt die dokumentierte Beobachtung das Verhalten, die Einstellungen und die Bildungsideale der Erzieherinnen zurück. Das Gespräch über das Bildungsbuch unter Kolleginnen und im Team kann mitunter zu unangenehmen Überraschungen führen. Wer den Blick in den Spiegel wagt, wird viel über sich entdecken können.

In manchen Einrichtungen hat es sich als sinnvoll herausgestellt, zusätzlich zum Bildungsbuch des Kindes ein Dokumentationssystem einzuführen, in dem die Beobachtungen, Reflexionen und Diskussionen der Erzieherinnen, die sie für die Weiterentwicklung ihrer Arbeit brauchen, festgehalten werden.

Leitsatz Nr. 4:
Das Bildungsbuch verbessert die Beziehungen zu den Eltern.

Bildung »geschieht« in jedem Menschen. Individuell, eigensinnig, selbst organisiert.

Das bedeutet aber nicht, dass Bildung im Verborgenen einer singulären Person entsteht. Der Mensch ist ein soziales Wesen. Er ist auf andere Menschen angewiesen, kann nicht existieren ohne soziale Gemeinschaft. Das soziale Umfeld entscheidet über Bildungswege und -chancen. Die Bildungsbiografie kleiner Kinder wird in ganz besonderer Weise von ihren Beziehungen zu Vater und Mutter geprägt. Wir wissen, dass unser gegenwärtiges Bildungswesen nicht in der Lage ist, soziale Benachteiligungen und daraus resultierende schlechte Schulleistungen auszugleichen. Umso mehr kommt es darauf an, die Beziehungen zu den Eltern zu verbessern und über die bekannten Gelegenheiten hinaus inhaltlich und methodisch zu intensivieren. Das Bildungsbuch kann als Medium dabei behilflich sein, mit Vätern und Müttern regelmäßig den Bildungsweg der Kinder zu betrachten. Eltern haben oftmals keine rechte Vorstellung davon, wie sich ihre Kinder in der Kita bewegen, was sie dort erleben, was sie schon können und was sie noch lernen. Und Erzieherinnen wissen oft wenig darüber, wie ein Kind sich zuhause verhält, wie die

Eltern mit ihm umgehen, welche Anregungen es bekommt und wo es gebremst wird. Das Bildungsbuch kann Erlebnisse und Erfahrungen ebenso transportieren wie Erziehungsstile und Ergebnisse von verabredeten Lernschritten. Kind, Vater, Mutter, Erzieherin – sie alle werden im Bildungsbuch auf die eine oder andere Weise eine Rolle spielen. Sie sind aufgefordert, es als strukturierendes Kommunikationsinstrument zu nutzen. Mit dem Bildungsbuch gelingt der Austausch über das Lernen besser. Er wird vor allem dann intensiver, wenn Eltern ermuntert werden, selbst Beiträge für das Buch des Kindes beizusteuern und gemeinsam mit den Erzieherinnen die nächsten Schritte zu planen.

Leitsatz Nr. 5:
Das Bildungsbuch stärkt die Kompetenzen der Erzieherinnen.

Erzieherinnen haben breit gefächertes Wissen und Handlungskompetenzen. Sie kennen entwicklungspsychologische Theorien und neurobiologische Forschungsergebnisse und können die notwendigen und sinnvollen, auf das einzelne Kind und das Gesamtgefüge der Gruppe bezogenen Impulse geben. Sie führen Elterngespräche, präsentieren ihre Projekte im Team und haben höchstes Geschick in handwerklichen und künstlerischen Tätigkeiten. Wo sie spüren, dass sie Schwächen haben oder wenn sie mehr über neuere pädagogische Konzepte erfahren möchten, besuchen sie Fortbildungen. Und keiner merkt es. Das Bildungsbuch bringt die Erzieherin von der Bastelecke an den PC, vom Spielkreis an die Digitalkamera, vom sporadischen Elterngespräch auf dem Flur zum regelmäßigen Entwicklungsgespräch. Durch die Dokumentation ihrer Beobachtungen wird die Komplexität der Erzieherinnenarbeit deutlich.

Erzieherinnen können zeigen, was in ihnen steckt. Das Bildungsbuch kann ein Beitrag dazu sein, das Berufsbild auf ein neues Image zu heben.

Man stelle sich vor: In einer Kita arbeiten zehn Frauen und ein Mann. Die zehn sind die Erzieherinnen und der Mann die Schreibkraft, der die Bildungsbücher gestaltet und verwaltet.

Leitsatz Nr. 6:
Das Bildungsbuch schafft gute Voraussetzungen für den Übergang in die Schule.

In den Kita-Jahren haben Jan und Lena eine Menge gelernt. Sie sind wichtige Schritte auf ihrem Bildungsweg gegangen. Manche Wissenschaftler meinen sogar, es seien die entscheidendsten Schritte überhaupt. In den ersten sechs Jahren ihres Lebens wurden die Grundsteine gelegt, die Weichen nicht nur für das weitere Lernen gestellt, sondern für ihre Persönlichkeitsentwicklung. Sie sind auf dem Weg zu einer »eigenverantwortlichen und gemeinschaftsfähigen Persönlichkeit«. Im Bildungsbuch ist vieles davon festgehalten worden und Jan und Lena haben kräftig daran mitgearbeitet. Jetzt ist ihre Kita-Zeit vorbei und ein neuer Abschnitt beginnt. Es gibt die einen, die dazu raten, Informationen aus der Kita in die Schule weiter zu vermitteln, damit die Lehrerinnen und Lehrer auf den erworbenen Fähigkeiten und Kompetenzen aufbauen können. Andere wollen bewusst einen Schnitt machen. Sie befürchten, durch zu viel und zu intensive Information sei die Schule nicht mehr in der Lage, jedes Kind vorbehaltlos und offen aufzunehmen. Und wiederum andere wollen möglichst viele Daten über den Entwicklungsstand und das Leistungsvermögen der Kinder, um schnell herauszufinden, wo Stärken und Schwächen liegen.

Das Bildungsbuch wäre überfordert, wenn man verlangen würde, mit dieser Methode die Systemunterschiede zwischen Kita und Schule auszubügeln. Der Übergang zwischen beiden lässt sich kaum harmonisieren. Solange das Verständnis vom Bildungsauftrag der beiden Institutionen so unterschiedlich ist, wird sich daran auch nichts ändern.

Was das Bildungsbuch aber kann: Es kann Jan und Lena den Stolz mitgeben, dass sie schon viel erlebt, gelernt und geleistet haben. Und dass sie darüber Buch geführt haben. Sie müssen aber niemandem gegenüber Rechenschaft ablegen. Es ist ihr eigenes, persönliches Bildungsbuch. Wer es sehen darf, hat das besondere Vertrauen der Kinder. Hoffentlich missbraucht er es nicht.

Bildungsbuch in der wissenschaftlichen Erprobung

Im Jahr 2004 hat sich die GEW auf Empfehlung des »Gesprächskreises Bildungsbuch« entschieden, ihre konzeptionellen Überlegungen zum »Bildungsbuch« in der Praxis zu erproben und wissenschaftlich auszuwerten. Es bot sich an, dies in Kooperation mit dem Deutschen Jugendinstitut (DJI) zu realisieren. In einem groß angelegten, maßgeblich vom Bundesministerium für Familien, Senioren, Frauen und Jugend (BMFSFJ) finanzierten Projekt wird in den Jahren 2004 bis 2007 an zahlreichen Standorten ein besonderes Verfahren der Bildungsdokumentation erprobt. Neben den Bundesländern Rheinland-Pfalz, Niedersachsen, Sachsen und Hessen sind die Stadt München, die Bertelsmann Stiftung, die Bernard van Leer Foundation, die Heinz Nixdorf Stiftung und die Max-Traeger-Stiftung der GEW beteiligt.

Ausgehend vom aktuellen Forschungsstand und von Erfahrungen bei der Beschreibung und Erfassung von

Lern- und Bildungsprozessen werden Verfahren und Materialien entwickelt, um die Realisierung des Bildungsauftrages im Elementarbereich und in Tageseinrichtungen für jüngere Kinder möglichst zügig voranzubringen. Das Projekt ist einer Sicht auf Lern- und Bildungsprozesse verpflichtet, die nicht darauf zielt, in einem technisch-kalkulierten Sinne Fertigkeits- und Wissenselemente zu vermitteln, sondern bei der »Selbstbildungsprozesse« und Lernstrategien im Vordergrund stehen, die eine wichtige Grundlage für das allseits geforderte lebenslange Lernen bilden. Ein zentrales Anliegen ist es, wesentliche Merkmale dieser Bildungs- und Lernprozesse und ihrer Ergebnisse zu beschreiben, als »Lerngeschichten« festzuhalten und sie damit transparent und nachweisbar zu machen. Gleichzeitig ergeben sich aus diesen Lerngeschichten entscheidende Hinweise für eine gezielte Förderung. Charakteristisch für den Ansatz ist die Sensibilisierung für die Wahrnehmung unterschiedlicher Formen von Bildungsprozessen, damit auch für Unterschiede zwischen Mädchen und Jungen oder für Unterschiede, die mit der sozialen Herkunft der Kinder zusammenhängen. Eltern werden in einer Weise einbezogen, die ihre Aufmerksamkeit für Bildungsgelegenheiten und ihr Interesse an Bildungsprozessen steigert und sie zu verantwortlicher Mitarbeit veranlasst. Das ist zugleich ein wichtiger Beitrag zur Stärkung der Erziehungskompetenz der Eltern.

Von Neuseeland lernen

Methodisch orientiert sich das DJI-Projekt an dem in Neuseeland von Margaret Carr als Assessment (Einschätzung/Bewertung) für Bildungsprozesse entwickelten Verfahren der »Learning stories«. Es wurde im Zusammenhang mit dem für die neuseeländischen Kindertageseinrichtungen verbindlich eingeführten Curriculums »Te Whariki« (der Begriff stammt aus der Maori-Sprache und ist das Wort für eine gewobene Matte, auf der alle stehen können) entwickelt. Es geht dabei darum, ein Instrument zur Verfügung zu haben, das in der Alltagspraxis tauglich ist und sich nicht an den Defiziten der Kinder orientiert, sondern den Blick auf allgemeine Kompetenzen zu werfen, die grundlegende Voraussetzungen für die Handlungsfähigkeit von Kindern sind. Mit »Lerngeschichte« ist eine Geschichte oder Erzählung vom Lernen eines Kindes gemeint, die auf der Beobachtung einer fortlaufenden Handlung des Kindes oder mehrerer solcher Beobachtungssequenzen beruht. Die Lerngeschichten entstehen in alltäglichen Situationen, berücksichtigen den Kontext der kindlichen Handlungen und werden mit anderen Erzieherinnen und den Eltern kommuniziert.

Ein wichtiger, die Auswertung der Beobachtung strukturierender Gesichtspunkt sind die so genannten »Lerndispositionen«.

Fünf Lerndispositionen werden als grundlegende Voraussetzungen für Lern- und Bildungsprozesse hervorgehoben:
- Interessiert sein,
- engagiert sein,
- Stand halten bei Herausforderungen und Schwierigkeiten,
- sich ausdrücken, mitteilen und mit anderen austauschen,
- zur Lerngemeinschaft beitragen und Verantwortung übernehmen.

Ob und inwiefern die Lerndispositionen in den Tätigkeiten der Kinder zum Tragen kommen, ist ein wesentlicher Indikator für die »Bildungsrelevanz« ihrer Aktivitäten. Setzen sich Kinder interessiert und engagiert mit äußeren Anforderungen auseinander, so erwerben sie Kenntnisse und Fertigkeiten, die für ein zunehmend differenzierteres und tieferes Verstehen sowie für selbstständiges Handeln notwendig sind.

Die Arbeit mit Bildungs- und Lerngeschichten umfasst vier Arbeitsschritte:
• Beschreiben,
• Diskutieren,
• Dokumentieren,
• Entscheiden.

Beschreiben beginnt mit Beobachten. Im Vordergrund stehen hierbei die Aktivitäten und Handlungen des jeweiligen Kindes. Zudem wird beschrieben, vor welchem Hintergrund diese Aktivität des Kindes stattfindet. Gemeint sind hiermit zum Beispiel Merkmale der gegenständlichen und sozialen Umwelt, in der das Kind handelt. Die aufgezeichneten Beobachtungen werden anschließend im Team diskutiert und mit Beobachtungen des gleichen Kindes durch andere Erzieherinnen in Beziehung gesetzt. Ebenso werden die Beobachtungen mit den Kindern selbst sowie mit deren Eltern besprochen. Ziel ist es, das Lernen des Kindes wahrzunehmen, seine Stärken zu erkennen und Ideen zu entwickeln, wie das Kind weiter vor(an)gehen könnte. Dabei sollen die Erfahrungen der Eltern sowie die Sicht der Kinder auf ihr eigenes Lernen einbezogen werden. Darüber hinaus tragen die Gespräche zur Reflexion des eigenen pädagogischen Handelns bei. Erzieherinnen überlegen gemeinsam, was das Kind als Nächstes brauchen könnte, was sie als Nächstes anbieten und wie die Lernumgebung beschaffen sein muss. Dazu müssen sich Erzieherinnen über ihr eigenes erzieherisches Verhalten sowie über ihre Vorstellungen von Fortschritt bewusst werden.

Wie geht es mit dem Bildungsbuch weiter?

Die Einführung eines Beobachtungs- und Dokumentationsverfahrens geht nicht von heute auf morgen. Das Entwickeln und Erproben des Bildungsbuchs steht noch am Anfang. Denjenigen, die meinen, in kürzester Zeit eine funktionierende Methode gefunden zu haben, ist eher mit Skepsis zu begegnen. Meist sind es formalisierte Bögen, die eher an einen TÜV-Bericht erinnern, als an pädagogisch verantwortbare und wissenschaftlich abgesicherte Verfahren.

Das DJI wird Anfang 2007 der Öffentlichkeit seine Ergebnisse vorlegen. Dann kann jede und jeder sehen und beurteilen, ob die Bildungs- und Lerngeschichten in der Praxis tauglich sind. Die GEW wird dann auch in der Lage sein, das »Bildungsbuch« genauer zu beschreiben und Empfehlungen für die Anwendung auszusprechen.

Bernhard Eibeck

»Guck mal, was ich mache! – Schau dir an, was ich kann!«

Norbert Huhn und Kornelia Schneider laden zur Entwicklung einer Bildungsdokumentation im Dialog mit jungen Kindern ein.

Das Bildungsbuch der GEW ist eine Form von Bildungsdokumentation, die in der Fachliteratur im Allgemeinen als Portfolio bezeichnet wird. Es ist als Bildungsbuch des Kindes gedacht, das im Dialog entsteht. Nachdem sich der Gesprächskreis der GEW, dem auch der Verfasser und die Verfasserin angehören, dafür ausgesprochen hatte, ein Bildungsbuch für die Hand des Kindes, als »Lernbuch des Kindes« (vgl. Eibeck in diesem Band: Leitsatz Nr. 1) zu entwickeln, haben einzelne Teams von Kindertageseinrichtungen begonnen zu erarbeiten und zu erproben, wie so ein Bildungsbuch aussehen kann und wie die Kinder es aufnehmen. Vier Beispiele werden in diesem Band vorgestellt (vgl. die Beiträge von Kulcke)[1]. An den Beispielen zeigt sich, wie unterschiedlich die Vorstellungen von einem Bildungsbuch des Kindes ausfallen können. Die Unterschiede liegen – neben verschiedenen Ausführungen in Form und Inhalt – hauptsächlich im Grad der Verantwortlichkeit für das Buch, der den Kindern überlassen wird: Wofür sind die Erwachsenen zuständig, wofür sind die Kinder zuständig, wenn es ein Buch des Kindes sein soll?

Dass das Bildungsbuch als ein Portfolio entwickelt werden soll, welches auf Dialog beruht, stellt besondere Anforderungen an die Aufgabe von Erzieherinnen und Erziehern, Buch zu führen über die Entwicklung der Bildungsprozesse von Kindern. Es geht darum, einen Weg zu finden, Kinder so weit wie möglich in die Bildungsdokumentation einzubeziehen. Dieser Anspruch, der mit der GEW-Idee verbunden ist, wirft die Frage auf, wie weit wir uns als Erwachsene von eigenen Vorstellungen lösen müssen, um Kindern Raum zu lassen für ihre Absichten und Ideen. Es geht in diesem Beitrag um die Bedeutung von Bildungsdokumentationen für Kinder im Unterschied zu Erwartungen von Erwachsenen an Dokumentationen über Bildungsprozesse von Kindern[2].

Die Idee des Bildungsbuchs geht zurück auf das Erwachsenen-Interesse an »assessment«, am Festhalten und

---

1   Diese vier Einrichtungen sind alle am Projekt »Bildungs- und Lerngeschichten« des Deutschen Jugendinstituts beteiligt, drei im »Inneren Kreis« des Projekts, der von den Projektteam-Mitgliedern begleitet wird, eine im »Äußeren Kreis«, der von Multiplikatorinnen begleitet wird.

2   Die Überlegungen dazu entstanden im Gedankenaustausch über die Entwicklung in den beiden Projekten, in denen die Verfasserin und der Verfasser tätig sind oder waren: Norbert Huhn im Projekt »Bildung:elementar« der Martin-Luther-Universität Halle-Wittenberg (2003 – 2005); Kornelia Schneider im Projekt »Dildungs- und Lerngeschichten« des Deutschen Jugendinstituts (seit Februar 2004). In beiden Projekten ist die zentrale Frage, wie die Perspektive der Kinder wahrgenommen und sichtbar gemacht wird und wie Erwachsene ihre Bildungsangebote für Kinder an der Perspektive der Kinder ausrichten. Darum dreht es sich auch beim Bildungsbuch.

Bewerten der Bildungsprozesse von Kindern, um zu sehen, wo jedes einzelne Kind steht, um die Planung der pädagogischen Arbeit darauf zu gründen. Selbstverständlich ist es für die pädagogische Arbeit von Erzieherinnen und Erziehern ebenso wie für Lehrerinnen und Lehrer, die ihre Arbeit auf den Bildungsinteressen der Kinder aufbauen wollen, unerlässlich zu beobachten und zu notieren, was Kinder bewegt, womit sie sich beschäftigen, was sie können und was sie erreichen möchten. Das ist eine Forderung, so alt wie der Situationsansatz (vgl. Schneider 2005). Wer das Lernen der Kinder erkennen und begleiten und durch angemessene Impulse bereichern will, muss die Bildungsthemen und -wege der einzelnen Kinder kennen lernen, um sie in den pädagogischen Alltag zu integrieren und nicht an ihnen vorbei zu agieren. Aber warum ist es für Kinder wichtig, dass sie Dokumente ihrer Bildungsprozesse in die Hand bekommen? Was für einen Zweck erfüllt die Bildungsdokumentation vom Kind aus gedacht? Welche Formen der Dokumentation passen zu den Interessen von Kindern? Was bringt Kinder selbst – unabhängig von Erwachsenenvorschlägen – auf die Idee, etwas zu dokumentieren, und welche Ansätze entwickeln sie dafür?

Kann das Bildungsbuch ein Bindeglied sein zwischen der Weltsicht von Kindern und der Weltsicht von Erwachsenen, zwischen den Initiativen der Kinder und dem Inszenierungscharakter des pädagogischen Handelns von Erwachsenen?

Schon der Name weist auf einen Widerspruch hin. Kinder würden ein Buch von sich nicht Bildungsbuch nennen, sondern vielleicht »mein Buch« oder »mein Kindergartenbuch«[3]. Bildung ist kein Begriff, den Kinder verwenden. Und schon taucht die nächste Frage auf: Legt der Begriff Bildungsbuch uns nicht schon auf bestimmte Dokumentationsformen fest, die der Erwachsenenwelt näher sind als der Welt der Kinder? Die Buchvorstellung ist bei Erwachsenen vorrangig mit der Schriftform verbunden, Kinder können höchstens mit Bilderbüchern etwas anfangen. Schreiben und Lesen erwartet unsere Gesellschaft von Kindern erst, wenn sie zur Schule gehen. Wir wollen aber Bildungsdokumentation für die Hand des Kindes von Anfang an, da sich auch die Kinder von Anfang an bilden. Müssen wir uns da nicht auf die Suche nach ganz anderen Darstellungsformen machen? Muss das »Bildungsbuch« unbedingt ein Buch sein?

Es gibt zwischen dem selbständigen Herstellen durch die Kinder und Angeboten der Erwachsenen zur Erstellung des Buchs eine große Spannbreite von Möglichkeiten, wie ein Bildungsbuch gestaltet werden kann und wie viel Anteil jeweils die Kinder und die Erwachsenen an der Gestaltung haben: Es kann vollständig den Kindern überlassen oder im Austausch zwischen Kindern und Erwachsenen gemeinsam hergestellt werden – wobei Erwachsene eine unterschiedliche Rolle einnehmen können. Wir verfolgen hier vor allem zwei Denkansätze:
- das Kind als Autor,
- die vom Kind autorisierte Gestaltung.

Wenn das Kind selbst Autor ist, liegt es voll in seiner Hand, das Buch zu erstellen. Die Verantwortung der Erwachsenen besteht dann darin, das Kind bei der Ausführung seiner Ideen zu unterstützen und etwas zu

---

3   Im Kinderhaus Melle-Buer haben die Erzieherinnen Kinder dazu befragt.

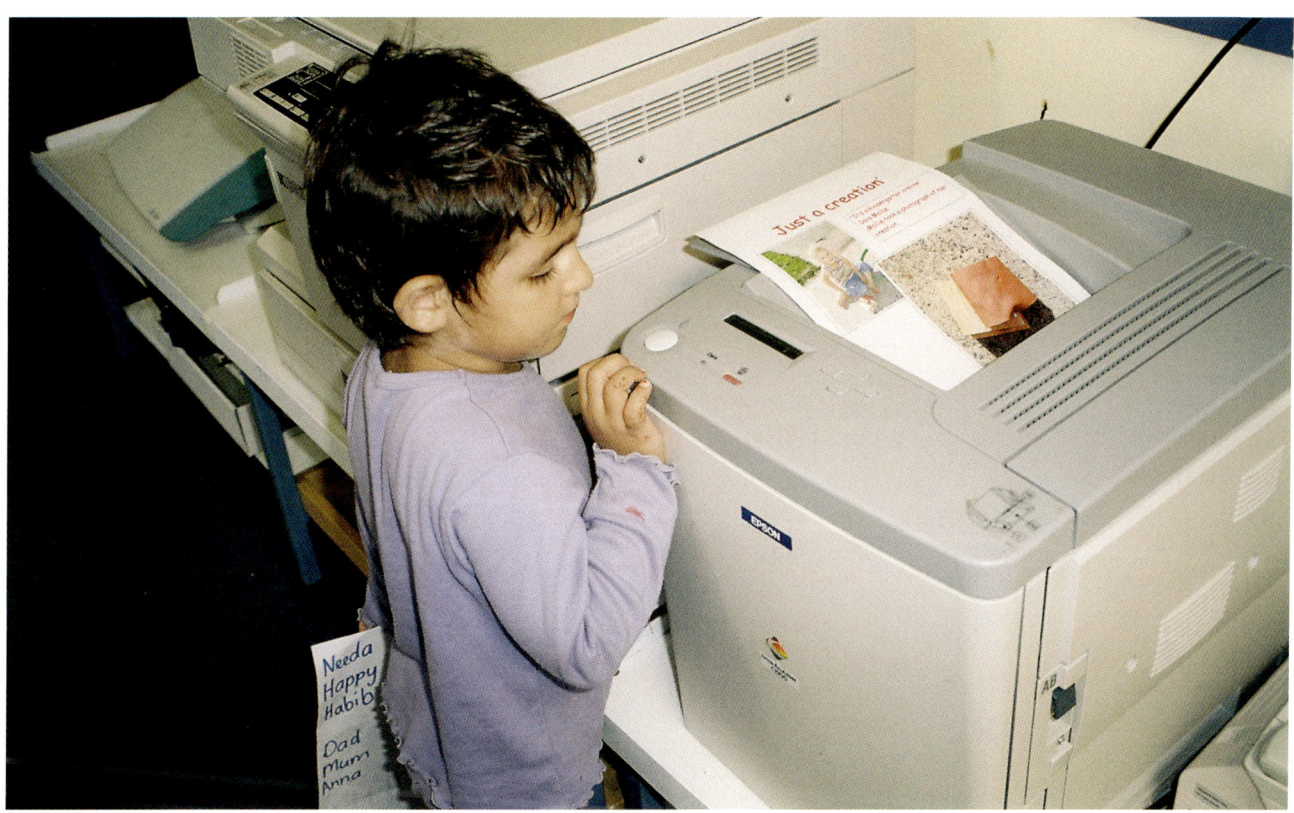

übernehmen, was das Kind nicht selbst verwirklichen kann, zum Beispiel aufzuschreiben, was das Kind sagt. Voraussetzung dafür, dass ein Buch entsteht, ist das Interesse des Kindes.

Wenn die Erwachsenen davon ausgehen, dass sie die Verantwortung dafür haben, das Buch zu führen, damit für jedes Kind etwas Vergleichbares vorhanden ist, bleibt als Entscheidungsspielraum für die Kinder, dass von ihrer Zustimmung abhängig gemacht wird, was hinein kommt. Die Erwachsenen sorgen dann dafür, dass sich das Buch füllt, aber sie lassen es vom Kind autorisieren.

Im ersten Abschnitt versuchen wir genauer zu fassen, welche Fragestellungen im Zusammenhang mit der Bildungsbuch-Idee entstehen. Er dient in erster Linie der theoretischen Auseinandersetzung mit den Konsequenzen, die sich aus der Absicht ergeben, ein Bildungsbuch als Möglichkeit der Interessenvertretung für Kinder zu verwirklichen. Danach befassen wir uns mit den praktischen Konsequenzen dieser Überlegungen und stellen Beispiele zusammen, welche Dokumentations- und Dialogformen uns geeignet erscheinen, die Interessen der Kinder zu erkunden und sich daran zu orientieren, wenn man selbst die Initiative ergreift.

Dokumentation aus Erwachsenenperspektive vom Kind her gedacht – wie kann das gehen?

Das Bildungsbuch ist als »Mittel zur individuellen Steuerung des Bildungsprozesses für das Kind« vorgesehen. Es soll dazu beitragen, dass die Tätigkeiten des Kindes und deren Ergebnisse dokumentiert und dass die Selbsteinschätzung und Selbstreflexionsfähigkeit des Kindes gefördert werden. Dazu dienen auch andere Arten von Bildungsdokumentationen, die gesammelte Werke von Kindern und Beobachtungsdokumente enthalten und im Allgemeinen Mappe, Buch oder Ordner des Kindes bzw. neuerdings Portfolio des Kindes genannt werden. Das Besondere am Bildungsbuch ist, dass es erklärtermaßen ein persönliches Buch des Kindes sein soll, über dessen Inhalt jedes Kind selbst entscheidet und das folgenden Ansprüchen gerecht werden soll[4]:

- Es dokumentiert, wie das Kind die Welt und sich selbst in der Welt sieht.
- Es unterstützt das Kind dabei, sich selbst Aufgaben und Ziele zu setzen.
- Es zeigt dem Kind seine eigenen Fortschritte.
- Es gehört dem Kind.

Der letzte Punkt erwies sich als entscheidend für die Frage der Gestaltung. Er offenbarte, dass Widersprüche entstehen, wenn Erwachsene etwas für Kinder einrichten, was zwar für Kinder gedacht ist, aber nicht von Kindern selbst ausgedacht und gemacht.

Dass das Buch den Kindern gehört, heißt nicht nur, dass sie es behalten, wenn sie die Kindertageseinrichtung verlassen, sondern auch, dass sie selbst darüber verfügen – nicht die Erzieherinnen und Erzieher oder Lehrerinnen und Lehrer und auch nicht die Eltern. Die Kinder entscheiden selbst, wie ihr Buch aussieht, was dort festgehalten wird und wem sie es zeigen wollen. Und das bedeutet, dass Erwachsene unterscheiden müssen, ob sie Bildungsprozesse von Kindern für ihre eigene Arbeit dokumentieren (und diese Dokumentation dann in Ordnern für sich sammeln)[5] oder ob die Kinder selbst etwas dokumentiert haben und aufheben wollen – mit und ohne Unterstützung der Erwachsenen. Darauf haben Kinder aufmerksam gemacht, die begannen, aus ihrem Bildungsbuch wieder etwas zu entfernen, was ihnen nicht mehr gefiel (vgl. den Beitrag von Kulcke zum Kinderhaus Melle-Buer).

Das Interesse von Erwachsenen an Aufzeichnungen über Handlungen der Kinder

Jede Form von Bildungsdokumentation legt Zeugnis ab über wichtige Etappen und Ergebnisse von Bildungsprozessen eines Menschen. Je nachdem, unter welchen Bedingungen eine Bildungsdokumentation für ein Kind entstanden ist und wer sie erstellt hat, wird sie unterschiedliche Einblicke ermöglichen in die Interessen des Kindes und die Interessen von Erwachsenen – verbunden mit deren »Bild vom Kind«, das hindurchschimmert, wenn Erwachsene am Erstellen beteiligt waren. Unabhängig davon werden Erwachsene, die sich solche Dokumentationen anschauen, sie immer auch als Berichte über Kinder lesen.

---

4   Zusammengestellt nach Unterlagen des Arbeitskreises »Bildungsbuch« der GEW.
5   Sammlungen von Dokumenten über Bildungsprozesse von Kindern in der Hand von Erzieherinnen als Grundlage für die Planung ihrer pädagogischen Arbeit und Nachweis für die Qualität der Einrichtung werden hier nicht thematisiert.

Die Idee des Bildungsbuchs ist einerseits vor dem Hintergrund gewachsen, dass Dokumentation von Bildungsprozessen (als Assessment) auch schon vor der Schule unabdingbar ist, um die individuelle Förderung der Kinder von Anfang an zu sichern, andererseits vordem Hintergrund, die Kinder ernst zu nehmen als aktive »Lerner«, die sich selbst ein Bild von der Welt konstruieren. Zu einer Bildungsdokumentation, die sich einer solchen Sichtweise verpflichtet fühlt, gehört der Anspruch, dass die Dokumentation so weit wie möglich ein Portfolio des Kindes selbst ist. Von daher wird für das Bildungsbuch der GEW konsequent formuliert: »Das Kind muss sich mit ihm identifizieren. Es muss sehen, dass es selbst in dem Buch steckt« (Eibeck unter Leitsatz 1). Allerdings geht Eibeck davon aus, dass »Kinder das Bildungsbuch nicht selbst anlegen, schreiben und aufbewahren« können und dass Erwachsene eine instrumentelle Mittlerfunktion einnehmen müssen.

So gesehen knüpft die Form des Bildungsbuchs an die Tradition von Tagebuchaufzeichnungen an, die Eltern über das Leben ihrer Kinder in den ersten Jahren anfertigen. Die Eltern bewahren sie auf für die Kinder, damit diese später, wenn sie älter sind, auf ihre Kindheit zurückblicken können[6]. Wenn die Erwachsenen ein besonderes Interesse daran haben, die Entwicklung der Kinder zu verfolgen und zu verstehen, sind diese Tagebücher auch eine Quelle der Erkenntnis für sie. Die Entwicklungspsychologie ist aus solchen Tagebuchauf-

zeichnungen und anschließenden Analysen der Bildungsprozesse, die sich darin verbergen, entstanden (vgl. Mey 2005). Auch die Ethnografie verwendet solche Methoden. Entweder zeichnen die Forschenden auf, was sie (durch die Beobachtung von Handlungsvollzügen) von der Kultur der Beforschten wahrnehmen oder sie lassen die Betroffenen selbst Aufzeichnungen machen. Dadurch wird gleichzeitig die Beziehung zwischen Forschenden und Beforschten thematisiert. Wenn es darum geht, die eigene Kultur der Kinder aufzuspüren, wird auch im Rahmen der Erziehungswissenschaft Forscherinnen und Forschern empfohlen, einen ethnografischen Blick anzuwenden und »pädagogische Ethnografie« zu betreiben (vgl. Zinnecker 1995).

Das Bildungsbuch für die Hand der Kinder, wie es sich die GEW vorstellt, wäre zunächst ein Medium, was Erwachsene für Kinder im vorschulischen Alter entwickeln, um zu dokumentieren, wie Kinder sich in Kindertageseinrichtungen bilden. Erzieherinnen und Erzieher bieten den Kindern dieses Medium an, damit diese »ihr eigenes Lernen sehen können« (Eibeck unter Leitsatz 1). Die Kinder werden sich dafür interessieren, wenn sie darin vorkommen und wenn sie selbst darüber bestimmen können, was der Inhalt ist. Dennoch bleibt es eine Dokumentationsform, die nicht in der Hand der Kinder liegt, solange die Kinder nicht selbst auf die Idee kämen, Bücher über sich und ihre Erlebnisse herzustellen[7]. Gibt es nicht noch andere Zugangsformen zu einer Bildungs-

---

6 Die gleiche Idee steht hinter dem »Ich-als-Kind-Buch«, das Donata Elschenbroich in ihrem Buch »Weltwissen der Siebenjährigen« vorschlägt (Goldmann, 4. Aufl. 2002, S. 173-176) und das in einer Kindertageseinrichtung in Recklinghausen als »Mein-Ich-als-Kind-Buch« in die Praxis eingeführt wurde (s. Greine, Rita: Beobachtung und Dokumenation in der städt. Tageseinrichtung Ziegelgrund in Recklinghausen. In: »KiTa aktuell NRW, Heft 7-8/2005, S. 153-156; ebenso im Internet: Kindergartenpädagogik – Online-Handbuch, www.kindergartenpaedagogik.de).

7 Ein Beispiel für eigene Initiativen von Kindern im vorschulischen Alter, ein Tagebuch für sich herzustellen: Die Kinder bitten ihre Mutter, für jeden Monat ein Symbol zu entwerfen und auf ein Blatt Papier zu zeichnen, damit sie dann auf jeder Seite malen können, was für sie wichtige Erlebnisse in dieser Zeit waren.

dokumentation, die mehr von den Kindern als von den Erwachsenen ausgeht?

Frühe Formen des Dokumentierens durch Kinder

Dokumentieren ist eine Kulturtechnik der Kommunikation als Mittel, etwas festzuhalten und weiterzugeben. Es geht wie bei anderen Kulturtechniken (etwa Lesen, Rechnen, Schreiben, Nutzen von Werkzeugen und Maschinen) um die Frage, wie Kinder sich dieser Möglichkeit von sich aus annähern und was wir ihnen von uns aus als kulturelle Umwelt nahe bringen, das heißt einerseits, was wir Kindern als Vorbild liefern, um diese Kultur zu erleben, und andererseits, was wir bewusst gestalten (wollen), um ihnen Impulse für das Hineinwachsen in diese Kultur und das Erproben der dazugehörigen Techniken zu vermitteln.

Dokumentieren bedeutet, einzelne Dokumente (als Beweis- oder Erinnerungsstücke) aufzubewahren oder zu erstellen. Wenn diese Dokumente gesammelt und geordnet werden, um bestimmte Ereignisse oder Entwicklungen zielgerichtet präsentieren zu können, bezeichnen wir dies als Dokumentation.

Die Festlegung des GEW-Gesprächskreises auf ein Bildungsbuch für die Hand des Kindes erfordert, dass wir uns als Erstes der Frage zuwenden, was Kinder selbst einbringen im Hinblick auf Dokumentation. Da Kinder im Vorschulalter das Wort »Dokumentation« nicht benutzen würden – abgesehen davon, dass die

Allerjüngsten ohnehin noch keine Wörter verwenden – gilt es auch, den Begriff praktisch in Handlungen von Kindern zu »übersetzen«: Wo können wir aus ihren Tätigkeiten und Äußerungen Dokumentationsabsichten herauslesen oder ein Interesse daran, dass andere für sie etwas dokumentieren? Wo liegen Anfänge der Entwicklung und Anwendung von Dokumentationsformen und -techniken und worin bestehen sie? Wo finden wir Spuren eines »intuitiven« Dokumentierens[8]?

Grundlegende, frühe Formen etwas festzuhalten und weiterzugeben sind Sammeln, Erzählen, Singen und Musizieren, bildliche und szenische Darstellungen, mit denen die Kinder ausdrücken, wie sie die Welt und sich in der Welt sehen. Dieses Repertoire bildet die praktische Basis von Dokumentationstechniken. Solche Tätigkeiten kommen in allen Kulturen – auch den frühen – und relativ früh auch bei Kindern vor. Die ersten Anfänge bei Kindern stecken jedoch im Festhalten von Erfahrungen ohne die Absicht, Erfahrungen weiterzugeben. Im Körper wird Erfahrungswissen gespeichert. Dieses Wissen dokumentiert sich in Handlungen (ohne dass es den Kindern bewusst sein muss). Insofern ist der Körper in der frühen Kindheit ein Dokumentationsmedium, an dem wir als Erwachsene ablesen können, was Kinder wissen und können und wofür sie sich interessieren. Auf diese Weise holen wir uns Auskünfte über Bildungsprozesse von Kindern.

Eine andere Seite von Bildung ist die Entwicklung von Identität. Auch Identität dokumentiert sich als Erstes im Körperdasein und in Handlungen: Ich bewege mich, ich

---

8 in Anlehnung an den neuerdings gebrauchten Begriff einer »intuitiven Physik« (oder Mathematik), die in Handlungen der Kinder als Anwendung von Erfahrungswissen, das im Körper gespeichert ist, zum Ausdruck kommt (vgl. Sodian, Beate: Entwicklung begrifflichen Wissens. In: Oerter, Rolf/Montada, Leo (Hrsg.): Entwicklungspsychologie. Beltz. Weinheim, 5. Aufl. 2002, S. 443-468).

handle, ich fühle – also bin ich. Kinder spüren ihre Identität in ihrer Körperbefindlichkeit, in ihren Gefühlen, in den Erlebnissen von Beziehungen, von Gegenüberstellungen und (Wider-)Spiegelungen, auch in der Widerständigkeit von Dingen in der Umwelt. Das heißt noch nicht, dass sie bewusst ihr Selbstverständnis und ihr Bild von sich und der Welt dokumentieren (wollen). Aber sie dokumentieren ihr Erleben in ihren Ausdrucks-, Handlungs- und Verständigungsformen. Es sind flüchtige Dokumente, da sie nicht darauf zielen, über den Augenblick hinaus etwas festzuhalten.

Sich selbst im eigenen Dasein zu dokumentieren ist nicht das Gleiche wie Bildungsprozesse und -ergebnisse zu dokumentieren, die auf einem kulturell verankerten Bildungsbegriff beruhen. Beide Formen stehen jedoch in vielfältigen Beziehungen zu einander. Wenn Erwachsene für Kinder deren Bildungsprozesse dokumentieren, kann das dazu beitragen, die Identitätsbildung der Kinder im Austausch miteinander zu fördern und sie dadurch zu bestärken, dass Kinder sich selbst darstellen. Es kann allerdings auch den Blick für die Identität der Kinder verstellen, wenn wir vorschnell

Erwachsenengewohnheiten, -interessen und -verständigungsformen auf Kinder anwenden. Es geht also erst einmal darum zu schauen, was wir jenseits unseres kulturellen Dokumentations-Anspruchs an Dokumentationsabsichten und -tätigkeiten bei Kindern entdecken. Was tun Kinder in den ersten Lebensjahren, um sich selbst zu dokumentieren, um bewusst zu zeigen, wer sie sind, was sie wissen und können? Wann und wie fangen sie damit an?

Das Interesse von Kindern an Handlungsfähigkeit, Selbstdarstellung und Beachtung

Wenn man Kinder im Vorschulalter danach fragt, was sie gelernt haben, erzählen sie in der Regel, was sie getan haben (vgl. Gisbert 2004, S. 160 ff). Dass sie lernen, ist zwar sehr bedeutsam für sie, denn sie wollen handlungsfähig sein und setzen von Geburt an alle Energie dafür ein. Sie lernen immer und in allen beliebigen Situationen. Das ist ihre Kindheitsaufgabe. Dennoch ist »Lernen« zunächst kein Begriff für sie, den sie von sich aus benutzen. Ihre Bildung geschieht im Vollzug, ihr Lernen dokumentiert sich im Tun: Erfahrungslernen. Wozu sollten sie andere Belege darüber brauchen als ihr anwendbares Wissen und Können? Wenn sie etwas erreicht haben, schreiten sie einfach weiter voran und nehmen das nächste Ziel in Angriff.

Wenn ein Kind es zum Beispiel schafft, sich nach vielen Anläufen das erste Mal am Regal in den Stand hoch zu ziehen, wird es sich bestimmt freuen und, wenn es gewahr wird, dass Erwachsene an diesem Erfolg persönlich Anteil nehmen, vermutlich strahlen. Erwachsenen liegt am Dokumentieren dieses Augenblicks als Beleg für den Entwicklungsfortschritt. Das Kind wird

sich eher dafür interessieren, sich am Regal wieder herunter zu lassen, um den gerade erlebten Erfolg zu wiederholen und zu sichern, denn auf diese Art kann es praktisch für sich dokumentieren: Ich kann es.

Das führt zu der Frage, unter welchen Bedingungen ein Kind für sich selbst extra festhalten möchte, was es weiß, was es kann und welche Fortschritte es macht oder anstrebt. Welches Interesse hat ein Kind an einem von der unmittelbaren Erfahrung getrenntem Dokumentieren? Ab welchem Alter tritt so ein Bedürfnis von Kindern auf und woran ist es zu erkennen?

Ist es uns ernst damit, die Lernprozesse von Kindern dadurch zu unterstützen, dass wir unsere Angebote an deren eigenen Interessen und Fähigkeiten orientieren, statt ihnen vorzugeben, welche Lernschritte sie gehen sollen, müssen wir uns in Bezug auf Dokumentation auch damit auseinandersetzen, was die Kinder selbst von ihrem Erleben darstellen und wie sie dies gestalten möchten. Welche Signale geben sie uns? Was ist für sie wichtig? Und wie offen sind wir als Erwachsene, das eigensinnige Erleben und Gestalten der Kinder als Bildungsprozesse und vielleicht auch Dokumentationsansätze wahrzunehmen und zu akzeptieren?

Ein untrügliches Zeichen bekommen wir, wenn Kinder uns ausdrücklich darauf aufmerksam machen, dass sie gesehen werden wollen, wenn sie uns zum Beispiel auffordern hinzuschauen oder uns etwas zeigen zu lassen: »Guck mal, was ich mache!« Oder: »Soll ich dir mal zeigen, was ich kann?!« Und das äußern sie nicht nur gegenüber Erwachsenen, sondern auch gegenüber anderen Kindern. Sie formulieren solche Aufforderungen nicht nur in Worten, sondern zeigen sie auch mit Mimik, Gestik und ihren Blicken an, etwa wenn sie nach einer erfolgreichen Kletteraktion stolz im Raum herumschauen und Ausschau halten, ob sie jemand wahrnimmt.

Wie könnte es aussehen, diese typischen Verhaltensweisen von Kindern zum Ausgangspunkt für das Festhalten von Bildungsmomenten zu nehmen und nicht unsere eigenen Ideen? Wie können wir Dokumentation von Bildung auf den Bedürfnissen der Kinder aufbauen? Margaret Carr aus Neuseeland, die den Ansatz entwickelt hat, mit »Lerngeschichten« zu arbeiten, um Kinder zu stärken[9], schlägt folgendem Dreischritt vor, um den Bedürfnissen der Kinder nahe zu kommen: Wahrnehmen – Erkennen – Antworten (noticing – recognising – responding). Wie kann die »Respons«, das Antworten als aktives Eingehen auf die Interessen der Kinder, beim Aufbau von Dokumentationsprozessen verwirklicht werden?

Zunächst einmal ist es notwendig, noch genauer hinzuschauen und hinzuhören, was Kinder selbst tun, um andere auf ihre Bildungsinteressen und -ergebnisse aufmerksam zu machen. Genauso wie bei dem Ziel, ihr Lernen zu begleiten und zu unterstützen, gilt es auch in Bezug auf das Dokumentieren, wahrzunehmen und uns darauf einzulassen, was Kinder wollen. Die Kinder machen Angebote, sie laden uns oder andere Kinder ein anzuschauen, was sie für sich als beachtenswerten Erfolg betrachten. Sie machen es uns damit leicht, ihre Interessen und Fähigkeiten kennenzulernen und von ihrer Warte aus zu betrachten. Solche Angebote wahrzunehmen bedeutet, das Interesse von Kindern an Selbstdarstellung zu unterstützen durch Zuschauen oder – wenn man mehr machen will – durch Festhalten dieser Momente. Mit solchen Momentaufnahmen dokumentieren wir einerseits,

dass uns interessiert, was Kinder uns mitteilen wollen, andererseits, was Kinder als Produkt ihrer Bildungsbemühungen gewürdigt haben wollen. Für diese Art des Dokumentierens verwenden diejenigen, die in Neuseeland mit »Lerngeschichten« arbeiten, den Ausdruck: »child's voice« – Stimme des Kindes.

Dazu Beispiele, die von mir (Kornelia) doumentiert wurden, und ein weiters Beispiel aus Neuseeland zur Bildungsdokumentation für Kinder im Säuglings- und Krabbelalter als Information für Eltern:

»Schau her, was ich machen kann!«

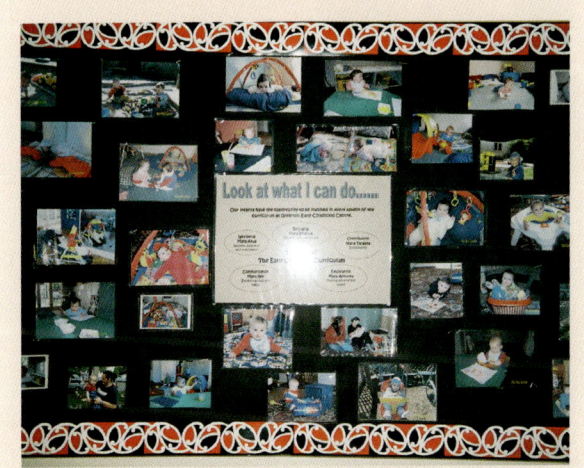

»Unsere Säuglinge und Krabbler (infants) haben in unserer Einrichtung (Greerton Early Childhood Center) die Gelegenheit, sich in Bezug auf jeden Aspekt des Curriculums zu engagieren.«

---

9 Auf diesem Ansatz basiert das Projekt des Deutschen Jugendinstituts »Bildungs- und Lerngeschichten als Konkretisierung der Umsetzung des Bildungsauftrags in Kindertageseinrichtungen«.

»Was Kinder sagen«

Felix im Bewegungsraum zu Jakob: »Guck mal, was ich hier mach'!« Und dann nimmt er Anlauf: »eins – zwei – drei!« und springt gegen die Rolle, die er aufgestellt hat, so dass er mit der Rolle zusammen umfällt.

Jakob macht das Gleiche, mal gleichzeitig, mal nacheinander. Danach stellt Felix statt der Rolle einen rechteckigen Polsterwürfel hin.

Felix denkt sich immer wieder etwas Neues aus:

»Jetzt müssen wir gucken, wie weit wir springen!«

»Das soll wohl eine Rutsche sein.«

Sie klettern von der Fensterbank auf die schräg gestellten Polster und rutschen hinunter.

»Soll ich dir noch was zeigen?«

Jakob: »Was denn?« – Felix: »Das mit meinem Polster, was ganz Lustiges. Wir müssen jetzt alles mit diesem Polster machen. Da setzt man sich einfach drauf und dann geht die Fahrt ab.« Felix macht es vor.

Jeder stellt sein Polster mitten in den Raum, nimmt einen langen Anlauf, um dagegen zu rennen, so dass das Polster umfällt und er auf dem Polster liegend ein Stück über den Fußboden rutschen kann, mal abwechselnd hintereinander, mal gleichzeitig.

Dann hat Felix wieder eine neue Idee: statt gegen das Polster zu rennen, durch die Lücke zwischen beiden aufgestellten Polstern hindurch.

Kornelia Schneider

»Was Kinder sagen«

Moritz

Draußen im Garten fragt Moritz mich, während ich aufschreibe, was Pia macht: »Was machst du?« Ich sage ihm, dass ich Pia zuschauen will. Er sagt zu mir: »Guck doch mal, was ich mach! …

… Hier runterspringen«. Schon hängt er oben am Klettergerät, baumelt eine Weile und springt dann ab. Ich sage ihm, dass ich schon weiß, dass er gut klettern kann, dass ich ein Foto von ihm gemacht habe, wie er die Stange hochklettert, und eins, wie er die Rutsche hochläuft.

Moritz: »Ach, das ist gar nix Gutes!« Er geht zum Gartenhäuschen. Ich frage: »Was ist denn was Gutes?« Er sagt: »Ich kann zum Beispiel …«

Er hängt sich mit den Händen an die Leiste über dem inneren Türrahmen. Dort findet er ein Metallplättchen mit einem Loch in der Mitte. Er sagt: »Eine Münze« und zeigt sie mir. Dann schlägt er vor: »Schreib doch mal Dennis!« Das ist einer von den beiden Konfirmanden, die heute im Kindergarten ein Tages-Praktikum machen. Ich schreibe den Namen. Als Nächstes fragt er: »Soll ich mal meinen Namen schreiben?« Ich halte ihm den Block hin und reiche ihm den Stift. Er bittet mich, die Münze und einen Zweig zu halten. Er schreibt seinen Namen.

Kornelia Schneider
Winnenden, 02.11.2005

Wir sehen grundsätzlich zwei Wege, der »Stimme des Kindes« zu Gehör zu verhelfen: Zum einen, Äußerungen von Kindern über sich selbst und ihre Handlungen und

Werke festzuhalten, wozu auch gehört, die Aufforderungen von Kindern wahrzunehmen, wer sie sind und was sie können, durch Dokumentieren aufzugreifen. Zum anderen, dem Kind unsere Wahrnehmungen und Dokumentationen als Anlass für einen Austausch anzubieten, durch den es herausgefordert wird, seine Sichtweisen einzubringen.

Beide Wege führen in ihrer reinen Form zu unterschiedlichen Arten von Bildungsbüchern:

a: Das Bildungsbuch als persönliche Äußerungsform des Kindes, als eine Art Bildungstagebuch, in dem sich das Kind in seiner Entwicklung dokumentiert und das vom Kind selbst initiiert und gestaltet wird;

b: das kindorientierte Bildungsbuch als gemeinsames Werk von Erwachsenen und Kindern, initiiert von Erwachsenen, aber autorisiert vom Kind.

Selbstverständlich können auch beide Formen gemischt werden, wie in den Beispielen aus der Praxis zum Ausdruck kommt (vgl. die Beiträge von Kulcke). Wir unterscheiden sie hier bewusst, um die Aufmerksamkeit von Erwachsenen dafür zu erhöhen, welche Hinweise die Kinder selbst darauf geben, dass sie ein Interesse an Selbstdarstellung und Achtung ihrer Erfolge haben.

Im folgenden Kapitel stellen wir zunächst weitere Möglichkeiten vor, Kinder zu Wort kommen zu lassen und ihre Ausdrucksweisen als erstes Dokumentieren ernst zu nehmen und zu prüfen, inwieweit sie Grundlage für eine Dokumentation von Bildungsprozessen sein können, die vom Kind selbst ausgeht.

Den Kindern »das Wort geben« – Wahrnehmen und Aufgreifen von Bedürfnissen, die sich als Ausgangspunkt für eine Bildungsdokumentation aus Sicht des Kindes anbieten

Dass Kinder ein Bildungsbuch grundsätzlich nicht selbst organisieren können, ist weniger von den Ressourcen der Kinder, sondern eher vom Interesse der Erwachsenen her gedacht, die an der Buchvorstellung hängen. Wir gehen davon aus, dass eine Bildungsdokumentation, die auf den Möglichkeiten, Fähigkeiten, Bedürfnissen und Interessen der Kinder aufbaut, von den Kindern machbar ist. Sie wird allerdings entsprechend kindgerecht gestaltet sein und möglicherweise nicht allen formulierten Leitsätzen der GEW unmittelbar zugute kommen. Wir versuchen hier, erst einmal unabhängig von der Aufgabe der Erzieherinnen und Erzieher, Dokumentationen zu erstellen, zu ergründen, was Kinder von sich aus tun, was in einem weiten Sinn mit Dokumentieren zu tun haben könnte.

Auch wenn ein mit den Leitsätzen der GEW umrissenes Konzept eines Bildungsbuchs nicht von den Kindern selbstverantwortlich realisiert werden kann und soll, da es Ansprüche der Erwachsenenwelt reflektiert, sollte doch untersucht werden, wie ein selbst organisiertes »Buch« der Kinder aussehen könnte, auch um sich Grundlagen zu erarbeiten, die eine Partizipation der Erwachsenen am Erleben der Kinder ermöglicht, einen nachhaltigen Gedankenaustausch mit Kindern (»sustained shared thinking«)[10].

---

10 »Sustained shared thinking« wird bei den Ergebnissen der EPPE-Studie (Effective Provision of Pre-School Education) als wesentliches Qualitätsmerkmal herausgestellt. Siehe: Sylva, Kathy/ Melhuish, Edward/ Sammons, Pam/ Siraj-Blatchford, Iram/ Taggart, Brenda: The Effective Provision of Pre-School Education (EPPE) Projekt: Findings from Pre-school to end of Key Stage 1. In: SureStart, November 2004.

Im Folgenden werden Überlegungen entwickelt, wie ein Bildungstagebuch der Kinder aussehen könnte, das die Kinder selbst initiieren, entwickeln und pflegen. Ausgangspunkt sollen Aktivitäten der Kinder sein, die sie von sich aus unternehmen, die wir als Erwachsene wahrnehmen und erkennen und als Schritte zur Bildungsdokumentation deuten können.

Dafür ist es notwendig, gewohnte Begriffe zu hinterfragen und zu versuchen, sich in die Rolle des Kindes zu versetzen. Was ist Dokumentieren aus der Sicht des Kindes? Was ist Dokumentation aus Sicht des Kindes? Ist das Buch eine dem Kind gemäße Form der Dokumentation? Welche Möglichkeiten nutzt das Kind, um die eigenen Lernerfahrungen festzuhalten und zu dokumentieren?

Das Kind als »Autor« zu entdecken, setzt voraus, dem Kind Aufmerksamkeit zu schenken und zuzuschauen, was es tut, sowie aufzunehmen, was es in Worten und Gesten sagt: Beobachtung als Achtung, wie Kazemi-Veisari (2004) das nennt. Das Kind nimmt selbstverständlich wahr, wenn es diese Aufmerksamkeit bekommt. Ein Dialog wird daraus, wenn wir den Kindern auch wieder rückmelden, was wir gesehen und gehört haben, und darauf eingehen, was die Kinder dazu äußern. Dabei kommen das Bedürfnis von Kindern nach Selbstempfinden und Zugehörigkeit und das Interesse, sich auszudrücken und anderen mitzuteilen den Dokumentationsinteressen von Erwachsenen entgegen.

Der Körper als Dokumentationsmedium

Für das Festhalten und Aufbewahren von »Bildungserfahrungen« steht bei Säuglingen und auch später noch lange der eigene Körper im Vordergrund, wie oben schon entwickelt wurde. Dieses lebendige »Körperbuch« zu beobachten und ernsthaft wahrzunehmen, ist der erste Schritt, die Kinder auf ihrem Bildungsweg zu begleiten.

Die frühen Bildungserfahrungen der Kinder sind geprägt von leibhaftiger Aneignung: Sie begreifen etwas, indem sie es mit der Hand greifen, betasten und bewegen, indem sie es in den Mund nehmen, indem sie sich selbst bewegen. Wenn sie ihren Körper einsetzen, wenn sie Bewegungsmöglichkeiten ausprobieren, mit ihrer Haltung, ihrer Stimme, ihrer Gestik und Mimik den Erfolg und das Unbehagen, Interessen und Bedürfnisse ausdrücken, dokumentieren sie zugleich, was sie vorhaben, können und genießen. So gesehen, ist das erste »Bildungsbuch« des Kindes der eigene Körper.

Das zeigt sich zum Beispiel, wenn Kinder in jungen Jahren eine schiefe Ebene erkunden, indem sie auf allen Vieren den »Berg« hinaufkrabbeln, um hinterher herunterzurutschen oder später herunterzurollen und Purzelbäume zu schlagen oder im Schnee Schlitten und andere Hilfsmittel für Erkundungen und Experimente einsetzen.

Das heißt, die Unterstützung eines »Bildungsbuchs« von Anfang an beginnt mit der Bestätigung der »Dokumentation durch den Körper«, durch die Würdigung und Anerkennung der Aktivitäten durch die Erwachsenen, die wahrnehmende Spiegelung und Resonanz, die ein Kind unmittelbar für sein Tun erfährt.

Spuren der Kinder in der Umwelt als Dokumente ihres Tuns

Um sich ihrer selbst zu vergewissern, nutzen die Kinder von Beginn an ihre Möglichkeiten, ihre unmittelbare Umwelt zu gestalten und zu verändern, umso ihre eigene Selbstwirksamkeit zu erkunden: Bauklötze aufeinanderstapeln und wieder zusammenfallen lassen, einen Zweig abbrechen, mit der Harke Spuren in der Sandkiste ziehen, das Licht an- und ausknipsen, mit einem Stift erste Spuren auf dem Papier produzieren. In solchen Aktivitäten dokumentiert sich für uns als Erwachsene, was sie interessiert und was sie bewirken können, ohne dass bei ihnen selbst damit eine Absicht von Dokumentieren verbunden sein muss. Wenn es gleichzeitig um das Zeigen geht, verweisen solche Aktivitäten schon bei Krippenkindern auf Spuren als Dokumente ihres Tuns. Sinnlich wird es überdeutlich, wenn Kinder mit ihren Gummistiefeln Abdrücke im Matsch hinterlassen, absichtlich wiederholen und dieses Dokument ihrer Wirksamkeit gebührend zusammen bewundern.

Anfangs sind solche »Spuren« häufig sehr vergänglich, auch in der Erinnerung der Kinder. Jüngere Kinder interessieren sich eher dafür, Spuren legen zu können, als für die Spuren selbst, auch wenn Erwachsene häufig früh Deutungen in die Spur hineinlesen. Mit einem Stift eine Darstellung der Selbstwirksamkeit zu verkörpern, geschieht, bevor ein Kind gezielt ein Haus oder irgendetwas anderes zeichnen will, was von seinem Vermögen zu zeichnen, seinem Symbolverständnis und einem spezifischen Darstellungsinteresse zeugt.

Eine schöne Wiesenblume, die das Kind entdeckt, pflückt und stolz zeigt, beinhaltet nicht nur eine sinnliche Aneignung von Umwelt, sondern bedeutet auch ein Dokument von Selbstwirksamkeit, eine festgehaltene Erfahrung, die auch der Erinnerung dient. Und wenn diese Blume verschenkt wird, ist sie zugleich ein »Dokument«, mit dem sich das Kind mitteilt: ein entscheidender Sinn von Dokumentationen.

Viele dieser Aktivitäten werden in den Tageseinrichtungen selbstverständlich ermöglicht und unterstützt. Täglich hinterlassen die Kinder Spuren im Alltag und dokumentieren damit ihr Dasein. Wichtig ist in unserem Zusammenhang, solche Spuren mit einer anderen Brille zu betrachten: Es handelt sich um Erkundungen der Kinder, die die eigene Selbstwirksamkeit dokumentieren.

Wenn wir anfangen, diese Spuren als Dokumente zu lesen, bilden sie eine Herausforderung im pädagogischen Umgang mit ihnen. Welche Spuren sollten wenigstens zeitweilig bestehen bleiben, statt sofort weggeräumt zu werden oder zu verwischen? Welche sollten als »Dokument« geschätzt und anerkannt werden? Unterstützend ist hier neben der Aufmerksamkeit und emotionalen Zuwendung auch eine besondere Beachtung durch Schnappschüsse mit dem Fotoapparat oder Aufnahmen mit der Videokamera, die den Kindern angeboten werden können, sei es als Grundlage für Erzählungen zu Hause, sei es für das persönliche Bilderalbum oder ihre Schatzkiste. Mit dem Festhalten solcher Spuren der Kinder von ihrer Selbstwirksamkeit schaffen wir vielleicht Anreize für ein zukünftiges Interesse der Kinder an dokumentarischem Tun. Bei älteren Kindern finden diese Ideen ihre Fortsetzung im Führen eines »Ent-deckerbuchs«, in dem sie festhalten, welche Versuche sie gemacht und was sie dabei entdeckt haben.

Kinder dokumentieren sich und ihre Interessen auch mit musischen Mitteln und Geschichten. Sie produzieren Töne, Melodien und Rhythmen, sie tanzen und erfinden eigene Lieder, singen sich selbst und anderen vor, was sie gerade gelernt haben, sie erzählen, was sie erlebt haben oder sich ausdenken. Damit sagen sie: Hör mal, was ich zu sagen habe, was ich erlebt habe und was ich singen kann!

Oder sie verkleiden sich und entwickeln spannende »Theaterszenen« oder spielen einfach Rollenspiele, häufig verbunden mit Konstruktionsspielen. Der Junge, der mit seinem Matchboxauto in seiner selbst gebauten Klötzchenlandschaft die tollsten Geschichten erlebt und wortreich begleitet, dokumentiert damit auch seine Gedankenwelt genauso wie die Mädchengruppe, die singend im Wechsel ihre phantastische Welt beschreibt.

Diese »mündliche« Form der Dokumentation lässt sich für Kinder gut mit ihren emotionalen Befindlichkeiten zusammen zu bringen, die sie gern spontan mit dem ganzen Körper ausdrücken. Es kommt zum Beispiel den Bedürfnissen der Kinder entgegen, Stimme mit Bewegung zu verbinden (vgl. Denk 2004). Erzählungen und Lieder in allen Formen sind die ursprünglichste menschliche Form für dokumentierende Mitteilung. Mit Geschichten probieren die Kinder sehr früh, Ereignisse zu beschreiben, Erlebnissen und Gegenständen eine reflektierte Form zu geben – Fähigkeiten, die grundlegend auch für »Dokumentationen« sind.

Eine andere wichtige Möglichkeit der »mündlichen« Dokumentation ist, sie unmittelbar mit einer Ansprache zu verbinden und eine wichtige Mitteilung mit den Worten »Ich will dir mal was sagen!« anzukündigen, natürlich mit der Erwartung, dass es auch Zuhörende

gibt. Genauso beinhaltet »Guck mal!« eine zweifache Botschaft: Zum einen das Kundtun, was ich kann (was ich gerade gelernt habe) und zum anderen das Interesse nach Beachtung. Indem wir zuhören und zusehen, bestätigen und unterstützen wir diese geäußerten Interessen der Kinder und ihren gerade stattfindenden Lernprozess.

Wenn wir mit »Oh, das muss ich mir aufschreiben!« oder »Warte, ich hol mal kurz die Kamera« auf die Kinder reagieren und dann dokumentieren, was das Kind tut, was es sagt, was es uns zeigt und erklärt und ihm wieder präsentieren, was wir festgehalten haben, verstärken wir diese Beachtung und messen der Aktivität einen besonderen Wert zu: einmal durch das Besondere des eingesetzten Mediums und zum anderen durch die Kommunikation und den Austausch darüber, der damit verbunden ist.

Ob das Kind dann ein Interesse an den entstandenen Fotos, Videos oder Aufzeichnungen hat, ist sicherlich abhängig vom Alter und der Persönlichkeit, aber auch von der vorhandenen Dokumentations-Kultur in der Einrichtung, zum Beispiel davon, ob es einen entsprechenden Ort gibt, an dem diese Dinge ihren Platz haben und vom Kind wahrgenommen werden können.

Neben dem spontanen Reagieren im pädagogischen Alltag können diese bekannten Bedürfnisse der Kinder auch konzeptionell aufgegriffen werden, etwa indem es in der Einrichtung eine »Guck-mal-Bühne« gibt, wo regelmäßig Kinder vorführen, was sie können, indem institutionalisiert wird, dass Kinder anderen Kindern zeigen, was sie können und es anderen beibringen, indem regelmäßige »Aufschreibzeiten« für Geschichten der Kinder angeboten werden usw. Letztlich gehören dazu auch alle Arten von Projekten, wie zum Beispiel ein Clowns- oder Zirkusprojekt oder auch ein Weihnachtsspiel, solange die Kinder sich hier persönlich und kreativ einbringen.

Produkte, Symbolnutzung und Ordnungssysteme der Kinder

Herstellen von Produkten

Neben dem mündlichen »Dokumentieren« fangen die Kinder früh an, ihre Erfahrungen mit verschiedenen Materialien zeichnerisch, malerisch, in Knetfiguren oder anderen plastischen Formen auszudrücken. Wenn man beginnt, mit den Kindern über ihre Werke zu reden, ist immer wieder spannend festzustellen, welche unerschöpfliche Phantasie da zu Tage tritt. Ein aus Erwachsenensicht ungelenker Strich wird plötzlich zu einer Geschichte entlang der Linie. Ob diese Geschichte beim Malen mitgedacht war oder beim Betrachten entsteht, ist aus Sicht des Kindes vermutlich egal. Das Kind erlebt im Dialog auf jeden Fall, dass sein Zeichnen Bedeutung hat. Und es wird aufmerksam und positiv registrieren, wenn die Erzieherin diese Erklärung zu seinem Werk schriftlich notiert. Auch wenn es noch nicht lesen kann, wird es den Inhalt, der ja die eigenen Worte sind, erinnern, da ihm über den Dialog besonderes Gewicht verliehen worden ist.

Die dabei entstehenden Produkte auf Papier werden traditionell an der Wand »ausgestellt« und in Mappen gesammelt, die die Kinder irgendwann – spätestens mit Beendigung der Kindergartenzeit – mit nach Hause nehmen. Auch Bastelobjekte haben häufig einen »Ausstellungsplatz«, sei es ein spezielles Regal oder ein Tisch, auf dem die Werke zumindest eine Weile präsentiert werden. Diese Ausstellungen bilden auch eine besondere Form der Bestätigung und Dokumentation, die man über den Alltag hinaus auch kultivieren kann, zum Beispiel wenn man sich am Ende eines Projektes dafür engagiert, eine Ausstellung mit den Kindern zu gestalten und die Eltern zum Staunen einlädt. Da die Bastelobjekte auf Dauer viel Platz einnehmen, werden sie allerdings meistens nicht ein ganzes Jahr lang gesammelt und aufbewahrt.

Wenn man als Erwachsener anfängt, diese Objekte zu fotografieren, erschließt man sich und den Kindern noch andere Formen des bestätigenden Dokumentierens. So wie Notizen zu machen, verleiht auch das Fotografieren den Werken der Kinder eine besondere Bedeutung. Neben der unterstützenden Begleitung ermöglichen Fotos auch eine Erweiterung der Mappe, die auf diesem Weg ein komplexeres Bild von den Werken des Kindes dokumentieren kann.

Welche Bedeutung das Fotografieren haben kann, wird spätestens dann offensichtlich, wenn Joan und Miriam nicht mehr sagen »Guck mal!«, sondern »Fotografier mal!« und sich neben dem »höchsten Bauklotzturm der Welt« postieren, den sie gebaut haben und der sie um zwei Kopflängen überragt. Von dort aus ist es auch nicht mehr weit, bis die Kinder sagen: »Gib mir mal die Kamera. Ich muss mal den Zoo aufnehmen. Der ist so schön«. Fotoapparate in der Hand der Kinder erweitern natürlich ihre Möglichkeiten zu dokumentieren und mit der neuen digitalen Technik verursacht ja auch nicht gleich jedes Foto Kosten. Wenn es daneben gegangen ist, wird es halt gelöscht.

Symbole als Sinnbild für eine dokumentierte Umgebung

Die Kinder wachsen von Anfang an in einer Umgebung auf, die von Symbolen geprägt ist. Es ist immer wieder überraschend, wie früh die Kinder ihre Zahnbürste und ihren Becher wiedererkennen, weil sie das Symbol, mit denen diese und andere Dinge im Alltag gekennzeichnet sind, lesen lernen, wenn es ihnen wichtig ist. Unterstützen und verstärken kann man diese Bedeutung, wenn es ihr persönliches »Markenzeichen« ist, zum Beispiel ihr Foto, der Schriftzug oder Anfangsbuchstabe ihres Namens, und wenn sie ihre Symbole selbst gestalten und auf den Dingen anbringen. Sie werden allmählich immer vielfältigere Arten von symbolischen Darstellungen kennen lernen und selbst verwenden, etwa wenn sie Pläne zeichnen für Bauwerke, die sie sich vornehmen zu bauen.

Wenn sie gerne mit Konstruktionsmaterial bauen, begegnen ihnen zum Beispiel dokumentierte Anleitungen in vielfältiger Form, etwa bei den Legobausätzen. Sich mit diesen Betriebsanleitungen intensiv auseinanderzusetzen, ist sicherlich eine Erfahrung und ein »Vorbild« für das Dokumentieren: Für Dinge stehen Symbole, Abläufe haben eine Reihenfolge. Es zeugt von metakognitiver Kompetenz, wenn die Kinder interessiert sind, diese Anleitungen zu sammeln und aufzubewahren und nicht nur die entstandenen Produkte selbst. So verwundert auch nicht das große Interesse an Sachbüchern aller Art, in denen man etwas nachschauen kann, in denen die Dinge als Ordnung vorgestellt werden und Abläufe eine nachvollziehbare Reihenfolge haben.

Aktiv in der Einrichtung durch die Kinder »Ordnungen« darstellen und selbst Symbole gestalten zu lassen, bildet natürlich auch einen sehr förderlichen pädagogischen Rahmen für die Erstellung eines Bildungsbuches. Es bieten sich vielfältige Ansatzpunkte im Alltag: Die Kinder können zum Beispiel selbst Türschilder zeichnen, um zu kennzeichnen, was in einem Raum gemacht werden kann, sie können Symbole verwenden, um anzuzeigen, an welchem Angebot sie teilnehmen wollen oder in welchen Raum sie gehen, sie können mittels Bildern selbst den Speiseplan für die nächste Woche erstellen oder zumindest anhand von Symbolen erkennen, was es heute zu essen gibt, sie können Zeichnungen herstellen, um deutlich zu machen, welchen Wunsch sie in der Kinderkonferenz einbringen oder welches Thema sie mit anderen besprechen wollen oder um Konstruktionsideen zu entwerfen und mitzuteilen – wie es in Neuseeland üblich ist. Mit der Zeit wird es Kindern vertraut werden, Pläne für Projekte aufzustellen und Projekte in ihrem Ablauf zu dokumentieren, vor allem, wenn sie dazu aufgefordert werden, »anderen Kindern ihre Arbeiten zu zeigen und/oder darüber zu erzählen, was sie gelernt haben« (Buchzik 2005, S. 22)[11].

Sichern von gefundenen oder gewonnenen »Schätzen«

Irgendwann wird das Kind sich einen Ort suchen, um eine entdeckte Feder aufzubewahren, und der schwarze Stein muss vielleicht unbedingt zusammen mit dem rostigen Nagel in der Hosentasche bleiben. Dieses erste Interesse am Sammeln und Aufbewahren deutet auf die erste Möglichkeit des Kindes, selbst organisiert einen Grundstock für die eigene Dokumentation anzulegen. Zuweilen zeigt sich das Interesse, wenn sich in den

---

[11] Buchzik macht u.a. den Vorschlag, Kinder Bilder malen zu lassen von Versuchen, die sie gemacht haben. Das wäre ein möglicher Anfang eines »Entdeckerbuchs«.

Körben in der Garderobe neben den Wechselklamotten allerlei Krimskrams ansammelt, der immer wieder aufgeräumt werden muss.

Erwachsene sehen darin häufig unnützes Gerümpel, doch es handelt sich um Erinnerungsstücke und Sammelergebnisse der Kinder. Das sind aus Sicht der Kinder keine Nichtigkeiten. Sie sind für ein Kind zuweilen von immenser Bedeutung, auch wenn sich das dem Erwachsenenblick nicht oder nicht sofort erschließt. Das merkt man spätestens, wenn man als Erwachsener ganz unbedarft die eigene Ordnung schafft und plötzlich mit weinenden oder auch protestierenden Kindern konfrontiert ist.

Was sich hier auch zeigt, ist, dass sich die dokumentierte Welt der Kinder nicht auf die zweidimensionale Fläche beschränkt, sondern komplexe Gegenstände beinhaltet.

Daraus ist zu schließen, dass es sinnvoll ist, für Kinder einen Ort für ihre persönlichen Dinge, eine »Eigentumskiste« oder ein Geheimfach einzurichten. Kindern bewusst Fächer, Schuhkartons oder persönliche Körbe als »Schatzkisten« anzubieten, gibt ihnen die Möglichkeit, selbst einen Ort für ihre Erfahrung und mögliche Erinnerungen daran zu gestalten. In einer solchen persönlichen Schatzkiste haben natürlich nicht nur Fundstücke ihren Platz, sondern möglicherweise auch das aktuelle Kuscheltier, das Foto von der Oma, die aus Sicht der Kinder gelungenen Bilder und Bastelarbeiten, das Lieblingsbuch, die Dokumentation des letzten Projektes, die letzte Beobachtung der Erzieherin, die das Kind für sich haben möchte etc. Was sich hier ansammelt, ist nicht vorhersehbar.

Solche »Sammelsurien« bildeten in der Geschichte die Anfänge für unsere heutigen Museen und eine systematische Wissenschaft. »Die Teutschen haben auch unterschiedene Namen erdacht, womit sie ihre Curiositäten-Behältnisse zu benennen pflegen, als: Eine Schatz-Raritäten-Naturalien-Kunst-Vernunfft-Kammer, Zimmer oder Gemach« (Müller-Bahlke 1998, S. 10). Schatzsammlungen dieser Art bilden sicher auch für Kinder eine gute Grundlage für eine systematische Ordnung ihrer Welt.

Ordnen von Schätzen

Im Unterschied zu einem Buch, das seitenweise strukturiert ist und zu einer Chronologie anregt, bieten Schachteln als Aufbewahrungsort keine natürliche innere Ordnung, die festgelegt ist. Diese »Unordnung« kann man auch als flexible Ordnung betrachten, die den Kindern als Erfindern, Konstrukteuren und Künstlern entgegenkommt. Hier können sie immer wieder eine neue Sicht auf ihre »Welt« entwickeln.

Auch wenn man grundsätzlich respektiert, dass eine »Schatzkiste« als Aufbewahrungsort nicht öffentlich ist, sondern als Geheimfach zur Privatsphäre der Kinder gehört, kann man davon ausgehen, dass die Kinder ein Interesse haben, spezielle Schätze auch zu zeigen, um über diese Raritäten ihre persönlichen Vorlieben zu präsentieren und mit anderen in einen Dialog zu treten. Aus dieser Sicht kann eine solche Schatzkammer auch als Fundus für kleine Ausstellungen dienen, wie »Mein Schatzkistenmuseum«. Mit ähnlichen Überlegungen hat Udo Lange zum Beispiel ein Projekt für ein »Hosentaschen-Museum« konzipiert.

Solche Ausstellungen anzuregen, beinhaltet für die Kinder auch immer wieder, ihre Welt aufzuräumen, neu zu ordnen. Dabei müssen sie entscheiden, was ihnen gerade wichtig ist: Hat das schöne riesige Herbstblatt etwas mit meiner Zeichnung eines großen Hauses zu tun? Als Erwachsene können wir die dabei auftretenden Ordnungssysteme gewiss nicht immer nachvollziehen, weil die Kinder sie gerade erfinden, ausprobieren und damit experimentieren, wie Udo Lange am Beispiel von Tieren demonstriert (Lange 2005).

Diese erfundenen Ordnungssysteme der Kinder können uns Anregungen geben, unsere eigene Ordnung zu befragen und uns zum Beispiel bewusst machen, dass unsere Bildungsvorstellung, die gewohnt ist, die Welt nach Bildungs- oder Lernbereichen wie die üblichen Unterrichtsfächer aufzuteilen, noch sehr jung ist und erst vor gut hundert Jahren entwickelt wurde. Einen Ausgangspunkt bildeten dabei die Wunder- und Raritätenkabinette, die seit dem 16. Jahrhundert angelegt wurden und deren Erfinder wie die Kinder nach Orientierung und Ordnung gesucht haben. »Üblicherweise umfasst eine Raritätenkammer natürliche und künstliche Gegenstände aus möglichst vielen Bereichen. Denn das ideale Ziel bestand darin, in solch einem Kabinett das gesamte Universum als einen zusammenhängenden Organismus zu präsentieren und begreifbar zu machen« (Müller-Bahlke 1998, S. 10).

Das Bedürfnis der Kinder zu sammeln und zu ordnen ist aus unserer Sicht eine der elementarsten und deutlichsten Formen der Kinder, sich einen dokumentarischen Rahmen als »Autor« zu schaffen, der der Idee eines Bildungsbuchs, das allein vom Kind ausgeht, am nächsten kommt, da es hier alles selbst in der Hand hat und ohne Hilfe der Erwachsenen über Inhalte und Gestaltung bestimmen kann.

Den Kindern Dokumentationen anbieten – Anregung zum Dialog mit Kindern über Bildungsprozesse und zur Mitwirkung der Kinder an der Dokumentation von Bildungsprozessen

Im vorigen Abschnitt wurde dargestellt, welche Arten von Dokumentation vom Kind selbst initiiert werden und was Erzieherinnen und Erzieher dafür tun können, solche Initiativen zu unterstützen. Das entspricht unserer Vorstellung, Bildungsdokumentation »von unten« durch die Kinder selbst aufbauen zu lassen. Die Auseinandersetzung mit der Bildungsbuch-Idee der GEW entwickelte sich andersherum: vom Interesse der Erwachsenen am Nachweis der Bildungsprozesse von Kindern (Assessment) zum Selbstbestimmungsrecht des Kindes. Und so sind bisher auch die Einrichtungen vorgegangen, die die Idee des Bildungsbuchs in die Praxis umsetzen. Es wurde im Team überlegt, wie ein Bildungsbuch aussehen könnte, dann wurde es in Form eines Ordners oder einer Mappe, in der verschiedene Dokumente eingeheftet werden können, den Kindern vorgestellt und allmählich mit den Kindern gemeinsam gefüllt.

Zu Beginn wurden hauptsächlich die älteren Kindergartenkinder damit vertraut gemacht. Die Erfahrungen stehen noch am Anfang, aber bereits jetzt ist deutlich, dass die Kinder darauf anspringen, ein Buch für sich zu haben, auf dem sie draußen gut sichtbar abgebildet sind (mit Foto oder Fuß- oder Handabdruck) und auf dem ihr Name steht. Sie sind in der Regel stolz darauf, auch wenn nicht alle gleich viel inhaltliches Interesse daran entwickeln. Viele Kinder holen sich ihr Buch, blättern darin herum, zeigen es anderen oder lassen sich von anderen Kindern deren Buch vorführen. Sie benutzen es ein Bilderbuch. Sie genießen es, dass es ein Buch ist, das von ihnen handelt. Die meisten lieben es, erzählt oder vorgelesen zu bekommen, was Erzieherinnen und Erzieher oder vielleicht auch Eltern geschrieben haben. Deutlich ist aber auch, dass die Kinder mehr Interesse an bildlichen Darstellungen haben als an Texten, denn die Bilder können sie lesen. In einer Videoaufnahme aus der städtischen Kindertageseinrichtung in Wittlich-Neuerburg erklärt Lisa zum Beispiel, dass sie weiß, was in ihrem »Könnerheft«[12] steht, wenn sie das Bild sieht, was sie dazu gemalt hat.

Auch ein Bildungsbuch, das von Erwachsenen initiiert und erstellt wird, kann als Untermauerung des Interesses von Kindern an Selbstbestimmung und Selbstdarstellung gestaltet werden, wenn die Erwachsenen es so verstehen, dass sie einen Anfang machen, der als Angebot für die Kinder gedacht ist, die Spur aufzunehmen und die Dokumentation mehr und mehr selbst in die Hand zu nehmen.

Die Erwachsenen übernehmen dann die Rolle, durch Impulse neue Perspektiven zu bieten. Die von ihnen verfasste Dokumentation dient einerseits dazu, mit den Kindern ins Gespräch zu kommen über deren Absichten und Ziele, um die Kinder immer besser kennenzulernen (und evtl. auch die eigene Wahrnehmung zu korrigieren), andererseits den Kindern ein Vorbild für Möglichkeiten der Dokumentation zu geben und eine Auseinandersetzung mit der Bedeutung von Dokumentation zu eröffnen. Sie legen damit Spuren, die die Kinder aufgreifen können. Wo das Dokumentieren schon übliche Praxis ist, gibt es eine Vielzahl von Beispielen, wie Kinder selbst beginnen, Dokumentationsaufgaben zu übernehmen (s. weiter unten).

So gesehen, ist es ein Übergangsprodukt für die Bildungsdokumentation der Kinder, wenn Erwachsene etwas von Kindern für Kinder dokumentieren. Es kann genutzt werden als Impuls für die Kinder, sich mit dem eigenen Lernen zu befassen und sich das Dokumentieren als Kulturtechnik anzueignen. Es kommt wie bei jedem Impuls und jeder Planung von Angeboten darauf an, die Balance zu finden zwischen den Interessen der Kinder und den Vorschlägen und Herausforderungen der Erwachsenen. Wenn Angebote von Erwachsenen als achtungsvolle und einfühlsame Antwort (Respons) auf Beobachtung der Interessen von Kindern entstehen, würdigen sie gleichzeitig die Person und die Bildungswege des Kindes. Dokumentation kann eine Art dieser Würdigung darstellen. Sie ist dann eine Form der Antwort auf das Wahrnehmen und Erkennen.

Dokumentation als Antwort auf Interessen der Kinder

An dieser Stelle kommen wir noch einmal zurück auf den Dreischritt Wahrnehmen – Erkennen – Antworten. Er ist um zwei weitere Schritte zu ergänzen, um Kindern mit der Dokumentation transparent zu machen, was Erwachsene wahrnehmen und für bedeutsam erachten, und um Kinder in den Prozess einzubeziehen, indem sie direkt an den Erkenntnissen (recognising) der Erzieherinnen und Erzieher teilhaben und von sich aus wiederum darauf reagieren können. Diese beiden Schritte sind das Dokumentieren (documenting) sowie das Wiedereinbringen oder Wiederaufsuchen (revisiting) und miteinander Teilen (sharing) der dokumentierten Wahrnehmung.

---

12 Den Namen »Könnerheft« haben die Kinder selbst gewählt. Jedes Kind hat so ein Heft, in das gesammelte Zettel eingeklebt werden, auf denen steht, was sie können. Oft malen die Kinder etwas dazu (vgl. den Beitrag von Kulcke).

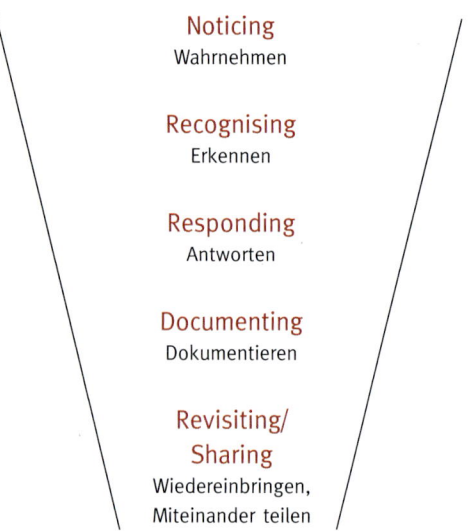

Noticing
Wahrnehmen

Recognising
Erkennen

Responding
Antworten

Documenting
Dokumentieren

Revisiting/
Sharing
Wiedereinbringen,
Miteinander teilen

Margaret Carr, die dieses Schema im Rahmen ihres Konzepts der »Lerngeschichten« verwendet[13], versteht es wie eine Art fortschreitender Filter im pädagogischen Alltag (»a kind of progressive filter«): Nicht alles, was Erzieherinnen und Erzieher ständig wahrnehmen, wird bewusst und organisiert weiter verwendet für die Planung der eigenen Arbeit und die Dokumentation der Bildungsaktivitäten der Kinder. Nur in ausgewählten Fällen werden alle Möglichkeiten genutzt. Die Häufigkeit nimmt ab von oben nach unten, dafür konzentrieren sich Bedeutungsgehalt und Auswirkung, so dass den beobachteten Tätigkeiten der Kinder dadurch mehr Gewicht verliehen wird. Am wirkungsvollsten ist es, den Kindern die Dokumentation vorzulegen und so ins Gespräch zu bringen, was die Kinder davon halten.

Dadurch kann wiederum das Wahrnehmen, Erkennen und Antworten der Erzieherinnen und Erzieher verbessert werden.

Das Ganze dient als »Assessment« (Beurteilungsverfahren), das nicht nur begutachtet, was Kinder wissen und können, sondern eine Grundlage bildet, angemessen auf die Kinder einzugehen, um ihr Lernen »zu unterstützen und zu schützen« (Carr 2001). Ein »Assessment« als Verstehen und Einschätzen der Bildungsthemen und Wege der Kinder, als Erkennen des Lernens der Kinder nimmt den Kindern die Initiative nicht aus der Hand, sondern spiegelt den Kindern wider, was Erwachsene von ihnen mitbekommen haben und von ihnen dabei gelernt haben. Es wird von den Erwachsenen wieder eingesetzt, um sich zu vergewissern, ob sie richtig liegen und die Interessen der Kinder treffen und um die Handlungsmöglichkeiten und das Lernen der Kinder zu bereichern.

In einem so verstandenen »Assessment« ist die Dokumentation ein Instrument, das genau diesem Zweck dient. Sie ist eine Art des Reagierens und Widerspiegelns als Angebot an die Kinder. Anders als das spontane Reagieren auf die Initiativen der Kinder bewahrt sie Spuren der Kinder und kann wieder zurückgegeben werden in die Hand der Kinder oder in den Dialog mit Kindern. So eröffnet sich die Möglichkeit des »Revisiting/Sharing«, das heißt gemeinsam mit den Kindern oder gemeinsam unter Kindern anzuschauen und zu besprechen, was das Wichtige an der beobachteten Situation war, und zu sehen, was für neue Impulse daraus entstehen – sowohl auf Seiten der Kinder als auch auf Seiten der Erwachsenen.

---

13 ... und auf einem Vortrag für das Deutsche Jugendinstitut in München am 7.9.2005 vorgestellt hat (vgl. DJI: Projektzeitung 2/2005).

Bei einer Nutzung von Dokumentation als Kommunikationsmittel, als Ausdruck für Respons und als Angebot für einen Dialog mit Kindern (revisiting/sharing) ergeben sich Wechselwirkungen, bei denen alle Beteiligten sich gegenseitig anregen und voneinander lernen und zur Gestaltung von Bildungsgelegenheiten beitragen können. Insofern beinhalten auch Dokumentationen über Bildungsprozesse von Kindern, die Erzieherinnen oder andere Erwachsene nach ihren Vorstellungen angefertigt haben, eine Möglichkeit Kinder zu beteiligen, wenn sie diese den Kindern im Nachhinein zur Verfügung stellen. Je näher Wahrnehmen, Erkennen und Antworten der Erwachsenen an dem sind, was die Kinder meinen und was wichtig für sie ist, je vertrauter die Kinder mit dem Vorgehen werden, desto mehr wird sich die Beteiligung der Kinder in diesem Prozess vorverlagern.

Die Entwicklung des Bildungsbuchs als gemeinsames Werk von Erwachsenen und Kindern

Mit der Initiierung eines Bildungsbuchs tragen die Erwachsenen ein Medium an Kinder heran, das diese selbst in ihren frühen Jahren nicht erstellen würden, aber vielleicht genießen und für sich nutzen, wenn darin die Achtung ihrer Eigenart zum Ausdruck kommt. Durch das Angebot entsteht eine Schnittstelle, bei der die Interessen von Erwachsenen und Kindern zusammenkommen können. Erkennungszeichen dafür sind[14],

- dass Kinder sich für die Idee interessieren und sie freudig aufgreifen,
- dass sie es genießen und gern dabei bleiben, wenn Erzieherinnen mit ihnen über das Buch sprechen und sich mit ihnen beraten, was das Kind und was die Erzieherin hinein tun könnten,
- dass sie Lust haben, etwas für ihr Buch herzustellen,
- dass sie eigene Ideen entwickeln, was in ihr Buch soll und dass sie diese Ideen verwirklichen,
- dass sie das Buch von sich aus immer wieder hervorholen und benutzen,
- dass sich mehrere Kinder nebeneinander setzen und jeweils in ihrem Buch blättern,
- dass sie ihren Eltern oder anderen Kindern das Buch zeigen wollen,
- dass sie mit anderen Kindern über ihr Buch reden oder sich zu mehreren darüber austauschen, was in ihren Büchern steht,
- dass sie die Fachkräfte von sich aus auf das Buch ansprechen,
- dass sie Erzieherinnen bitten, etwas für ihr Buch zu notieren,
- dass Kinder, die noch kein Buch haben, darum bitten, auch so etwas zu machen oder zu bekommen,
- dass sie fragen: »Und wann bin ich dran?«, »Wann machst du das mit mir?« oder dass sie auffordern: »Schau doch mal, was ich mache!«,
- dass Eltern erzählen, wie wichtig ihrem Kind das Buch ist.

Erzieherinnen und Erzieher sollten darauf achten, wie sich ein Kind mit seinem Buch (oder auch dem Buch von anderen) auseinandersetzt und was ihm wichtig ist. Wenn sie die Handlungen und Äußerungen des Kindes als Anregung nehmen zu prüfen, was von ihren Angeboten einem Kind gefällt und welche Ideen bei ihm selbst aufkommen, entsteht ein Wechselprozess, bei

---

14 Hier sind nur Beispiele zusammengetragen, wie Kinder mit einer Bildungsdokumentation in Buchform umgehen, weil es derzeit im Projekt »Bildungs- und Lerngeschichten« noch keine Erfahrungen mit anderen Formen wie zum Beispiel der »Schatzkiste« gibt.

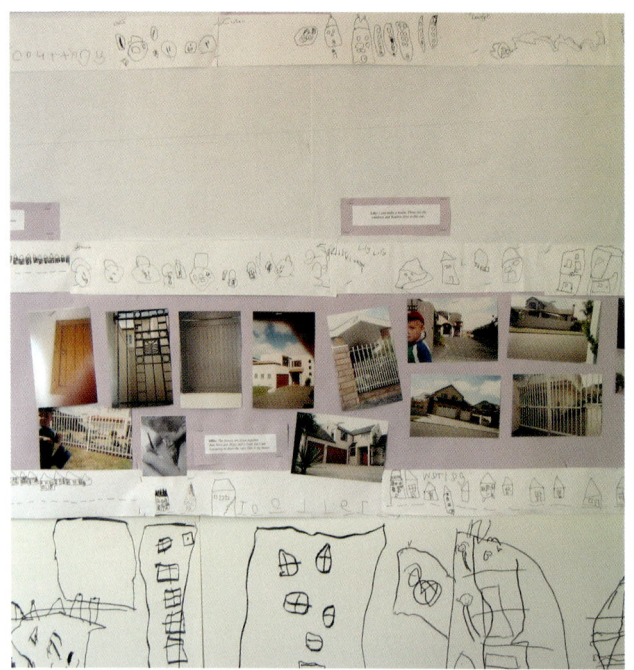

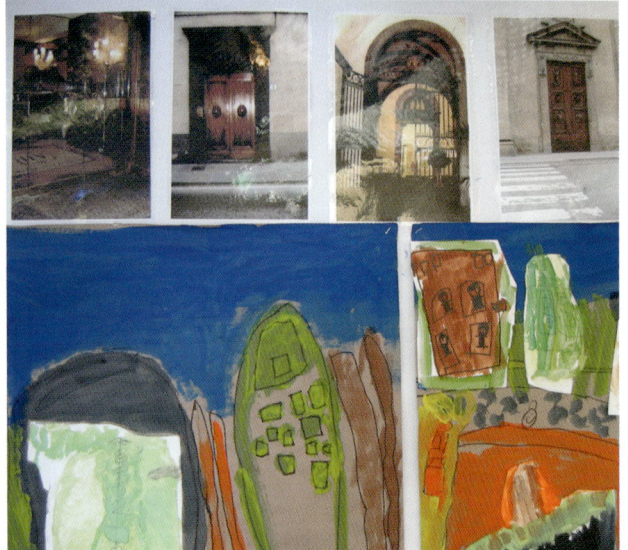

dem beide voneinander lernen. Je mehr die Ideen und Tätigkeiten der Erzieherinnen und Erzieher in Bezug auf das Bildungsbuch aus der Wahrnehmung der Kinder geboren werden, desto sicherer wird das Bildungsbuch ein Buch des Kindes werden, auch wenn es zunächst als Angebot von Erzieherinnen eingeführt wurde. Das ist nicht anders als bei anderen Angeboten, die Erzieherinnen machen, zum Beispiel wenn sie eine Projektidee einbringen. Ausschlaggebend ist nicht unbedingt, wer die Initiative ergriffen hat – Kinder oder Erzieherinnen –, sondern wie Kinder auf Vorschläge der Erzieherinnen reagieren und wie sich diese auf die Ideen der Kinder einlassen. Das beinhaltet, dass das Angebot der Erzieherinnen und Erzieher mehr im Einbringen der Idee besteht als in vorgezeichneten Wegen der Verwirklichung, damit Raum bleibt für die Kreativität der Kinder und für die Wechselwirkung von gegenseitiger Bereicherung durch Austausch.

Eine besondere Frage ist, wie man mit den Jüngsten, vor allem mit denen, die sich noch nicht mit Worten unterhalten können, ein Bildungsbuch anfangen kann, das darauf ausgerichtet ist, die Kinder selbst in die Hand nehmen zu lassen, wie es weitergeführt werden soll. Hier geht es darum, Formen zu finden, die es tatsächlich praktisch ermöglichen, dass Kinder das Dokument mit Händen greifen und mit den Augen fassen können. Sobald die Kinder sich für Bilder, Spiegel und Bücher interessieren, kann auch die Buchform eingesetzt werden. Vielleicht regt ein kleines Buch, in dem sich das Kind selbst auf Fotos entdeckt, ja auch dazu an, dass es Interesse an anderen Abbildungen und Büchern findet.

Ein paar Beispiele, mit denen Erzieherinnen und Erzieher gute Erfahrungen gemacht haben:

- Einzelne Fotos von Kindern in Aktion sind an der Wand zu sehen: von jedem Kind mindestens ein Bild, in Augenhöhe des Kindes (was bei Kindern, die noch nicht laufen, fast am Boden ist).
- Bei dem persönlichen Ruhe- und Schlafplatz, Waschplatz, Garderobenplatz oder Platz für eigene Schätze ist ein Foto angebracht, auf dem ein Porträt des Kindes zu sehen ist (so wie wir es aus Reggio Emilia kennen gelernt haben).

- Es gibt persönliche Fotowände mit Bildern aus der unmittelbaren Umwelt der Kinder, auf denen die Bezugspersonen der Kinder sichtbar sind – die einzelnen Familienmitglieder, der neue Freund der Mutter, der Hund, der Wohnort von Vater und Mutter – und die die soziale Zugehörigkeit dokumentieren, wie sie zum Beispiel in dem multikulturell orientierten Projekt »Kinderwelten« (www.kinderwelten.net) in Berlin benutzt werden.
- Für jedes Kind wird ein kleines Bilderbuch hergestellt, von außen erkennbar durch ein Porträt des Kindes, gefüllt mit vielen einzelnen Fotos von typischen Handlungen des Kindes, die zeigen, wofür es sich interessiert und wie es sich vertieft mit etwas auseinandersetzt. Diese persönlichen Bilderbücher können dort stehen oder liegen, wo sich auch andere Bilderbücher befinden. Sie sollten so gestaltet werden, dass sie es vertragen, häufig gelesen zu werden, also nicht leicht kaputtzukriegen, denn »Lesen« heißt bei den Jüngsten nicht bloß Schauen und Umblättern, sondern alles Mögliche zu erkunden, was man mit so einem Gebilde machen kann.
- Es kann auch Fotos von Gegenständen geben, die eine besondere Bedeutung für das Kind haben und/oder gerade besonders beliebt sind.

Diese Dokumente an der Wand und an »persönlichen Orten« des Kindes sind keine unmittelbaren Dokumentationen der Kinder, unterstützen aber das Selbstempfinden und das sich Wiedererkennen. Und es sind erste Kontakte mit der »Welt der Dokumente«, die in Form von Bildern erkennbar etwas mit einem oder einer selbst zu tun haben und so auch eine Grundlage für Bildungsprozesse bieten, die die Würdigung der Person als Ausgangspunkt nimmt.

Je jünger die Kinder sind, für die oder mit denen eine

Bildungsdokumentation erstellt werden soll, desto entscheidender wird die Frage, ob Erwachsene wahrnehmen, wo Ansätze von dokumentierenden Tätigkeiten bei den Kindern liegen, wie ein Austausch mit Kindern über das Dokumentieren stattfinden kann und wie die Kinder im Rahmen der Auseinandersetzung mit dem Dokumentationsangebot der Erwachsenen die Autorisierung übernehmen können.

Der Austausch über das Bildungsbuch

Der Austausch über die Bildungsdokumente hat nicht nur den Effekt, dass Kinder dadurch immer mehr daran beteiligt werden, sondern auch den, dass Erzieherinnen und Erzieher dadurch den Kindern näher kommen. Eine Dokumentation, die dazu gedacht ist, wieder in einen Dialog mit Kindern zu münden (revisiting/sharing als nächster Schritt nach dem Dokumentieren – s. dazu Abschnitt: Dokumentieren als Antwort auf Interessen der Kinder), wird auch dazu beitragen, dass Erwachsenen-Wahrnehmungen und -Beschreibungen kindorientierter werden. Daher ist dieser Wechselprozess, der durch den Austausch (»sustained shared thinking«) entsteht, als Qualitätsmerkmal für die Erstellung von Bildungsdokumentationen anzusehen. Er führt auf verschiedenen Ebenen zu neuen Aktivitäten.

Kinder erhalten dadurch die Gelegenheit,
- wahrzunehmen, dass sie als Person beachtet werden und dass die Erwachsenen ihren Tätigkeiten Bedeutung beimessen,
- bestätigen oder korrigieren zu können, was die dokumentierte Beobachtung eines Erwachsenen zum Ausdruck bringt und dadurch ihre Interessen und Sichtweisen deutlicher einzubringen,
- sich in kleinen Gruppen zusammenzufinden, um gemeinsam über die Inhalte zu reden, sich zu erinnern und neue Ideen zu entwickeln,
- ihren Eltern zeigen zu können, was sie gemacht haben,
- Erzieherinnen und Erzieher und auch Eltern darauf anzusprechen, was sie dokumentiert haben wollen,
- Dokumentation als eine Aufgabe von Erzieherinnen zu begreifen und diese ausgefeilte Erwachsenentätigkeit über Nachahmung des Vorbilds selbst auszuprobieren,
- Beobachtung und Dokumentation zum Thema zu machen und ein Projekt daraus entstehen zu lassen.

Ein paar Beispiele aus der Praxis sollen verdeutlichen, was möglich ist, was durch den Austausch in Gang gesetzt werden kann.

Beispiele aus Neuseeland:
- Ein Kind im Krippenalter sitzt mit seiner Mutter auf dem Sofa neben dem Regal mit den Portfolios, um sich susammen das Buch des Kindes anzuschauen.
- Die Kinder benutzen die Kamera, um ihre eigene Arbeit zu dokumentieren und darüber zu berichten. Ein Junge im Kindergarten, der mit der Erzieherin zusammensitzt, um ihr beim Dokumentieren zuzusehen und mit ihr zu besprechen, was sie über sein Werk schreiben soll, sagt zu ihr: »Gib mir mal den Fotoapparat! Dann kann ich das fotografieren und du kannst weiterschreiben.«
- Die Kinder beginnen, die Arbeit der Erzieherinnen zu dokumentieren. Ein Mädchen sagt: »Schreib jetzt meine Geschichte auf! Ich mache ein Foto von dir, während du schreibst.« (»Now type my story! I'll be taking a photo of you while you are doing it.«).

Beispiele aus Deutschland:

- Ein Junge, der noch nicht laufen und sprechen kann, hat seine Mutter, als diese ihn abholen kam, zu einem Foto von sich im Flur geführt. Auf dem Foto war zu sehen, wie er mit einem Xylophon arbeitet. Danach hat er die Mutter dazu bewegt, zu einer Tür mitzukommen und die Tür zu öffnen. Im geöffneten Raum hat er auf das Xylophon gezeigt, was dort stand.
- In einer Kinderkrippe machen Dreijährige die Erzieherinnen darauf aufmerksam, wenn sie sehen, dass ein Krabbelkind etwas zum ersten Mal macht, zum Beispiel sich hinstellen oder laufen.
- In einem offen arbeitenden Kindergarten kommen Kinder darüber ins Gespräch, wozu Beobachten gut ist. Sie sprechen darüber, wer alles beobachtet und wo sie schon gesehen haben, dass Erwachsene etwas genau beobachten (müssen). Daraus entwickelt sich ein Projekt, in dem Kinder sich auch selbst Beobachtungsaufgaben suchen (vgl. DJI: Projektzeitung 1/2005, S. 9-11).
- Ein Mädchen im gleichen Kindergarten äußert (etwa ein halbes Jahr später) im Morgenkreis: »Ich will heute beobachten. Ich will Ina (Erzieherin) beobachten.« Sie sucht sich zusammen, was sie dafür braucht und macht Aufzeichnungen, die sie am Ende des Vormittags vorträgt: »Erst hast du … gemacht, dann … .«

Lerngeschichten und Bildungsbuch

Lerngeschichten können einen Platz im Bildungsbuch der Kinder bekommen, wenn die Kinder gefragt werden und einverstanden sind. Sonst gehören sie in einen Extra-Ordner, den Erzieherinnen und Erzieher führen, um daraus für ihre eigene Arbeit zu schöpfen.

Da die Lerngeschichten dafür gedacht sind, wieder zu den Kindern zurückzukehren, indem sie den Kindern

erzählt werden, eignen sie sich auch, Kinder allmählich am Erstellen einer Lerngeschichte zu beteiligen.

Dazu ein paar Ideen von Multiplikatorinnen und Multiplikatoren im Projekt »Lerngeschichten« des DJI, wie man anbahnen kann, das Kind einzubeziehen:

- Die Lerngeschichte nicht ganz zu Ende schreiben, sondern das Kind selbst zu Ende erzählen lassen,
- die Lerngeschichte mit dem Kind zusammen schreiben,
- das Kind Fotos aussuchen lassen,
- Fragen einbauen, wenn man sich selbst nicht sicher ist, wie etwas war oder wenn man wissen möchte, wie es dem Kind dabei ging (»Kannst Du Dich daran erinnern, wie Du Dich dabei gefühlt hast?«),
- kleine Bücher mit Fotos und ein bisschen Text für Zweijährige, wo sie selbst anschauen können, was sie gemacht haben,
- Initiativen der Kinder unterstützen, auf Dinge aufmerksam zu machen, die sie selbst dokumentiert haben wollen, zum Beispiel wenn sie Erzieherinnen auffordern, aufzuschreiben, was sie können (wie beim »Könnerheft«) oder zu fotografieren, was sie gebaut haben.

Zusammenfassung

Unser Fokus für die Entwicklung eines Bildungsbuchs, das den Kindern gehört, richtet sich darauf, wie weit Kinder es selbst anlegen und als »Autoren« in Erscheinung treten können. Wir sind den Fragen nachgegangen, was Kinder von sich aus tun, wie Erwachsene diesen Spuren folgen und die Initiativen der Kinder fördern können, indem sie stützend und erweiternd im Dialog darauf eingehen und welche Angebote von Erwachsenenseite sich eignen, um Spuren zu legen, die Kinder von sich aus aufgreifen können.

Uns kommt es darauf an, zwischen Dokumentationsansätzen und -interessen der Kinder und der Dokumentation als Pflichtaufgabe von Erzieherinnen und Erziehern zu unterscheiden, um eine Brücke zwischen beiden Perspektiven schlagen zu können, die zu einem Austausch der Ideen von Kindern und Erwachsenen (im Sinne des »sustained shared thinking«) führt. Entscheidend für die Gestaltung ist, in wessen Hand die Verantwortung für das Bildungsbuch liegt. Was nehmen Kinder in die Hand, was nehmen Erwachsene in die Hand? Was tragen Kindern Erwachsenen an? Was übernehmen Erwachsene von Kindern, was geben sie an Kinder ab? Was gehört nicht ins Bildungsbuch des Kindes, sondern muss einen eigenen Aufbewahrungsort haben? Beide Formen des Bildungsbuchs, das »Bildungstagebuch des Kindes«, das vom Kind selbst gestaltet ist und nicht unbedingt eine Buchform hat, und das »kindorientierte Bildungsbuch«, das Erwachsene gestalten und von den Kindern autorisieren lassen, bilden zwei Pole, die sich miteinander verbinden lassen. Weder das eine noch das andere gibt ein vollständiges Bild vom Kind wieder, aber das eine ist als Buch in der Hand der Kinder von selbst nah beim Kind und seinen Interessen, das andere muss als Buch für die Hand des Kindes erst den Weg dahin finden. Je mehr Mitwirkung Erwachsene den Kindern ermöglichen, desto näher kommt das Bildungsbuch der Idee der GEW.

Kinder haben ein Interesse an Beachtung, aber nicht unbedingt an Dokumentation, zumindest nicht in jungen Jahren. Sie wollen als Person gesehen werden, genießen Anerkennung ihres Könnens und schauen auch gern Fotos oder Videoaufnahmen von sich an, aber sie legen von sich aus keinen Wert auf dokumentarische Berichte über ihre Bildungsprozesse. Dingliche Spuren ihrer Bildung, die sie hinterlassen, liegen am ehesten in Werken, die sie erschaffen, oder auch in Sammlungen, die sie selbst in »Schatzkisten« und Hosentaschen anlegen. Diese erkennbaren Anzeichen für Dokumentationsansätze bei den Kindern selbst sind es, die genutzt werden sollten, um Dokumentation im Dialog mit Kindern zu entwickeln.

Je früher wir mit einem Bildungsbuch beginnen, desto deutlicher wird, dass gerade bei kleinen Kindern die emotionale Bestätigung als Responding im Vordergrund steht, dass sie für die Entwicklung des Selbstbildes wichtiger ist als ein vorhandenes Dokument, dass Erwachsene aber durch eine dokumentierende Tätigkeit diese Bestätigung zum Ausdruck bringen und ihr besonderes Gewicht verleihen können, was sich als »ästhetisches Responding« bezeichnen lässt.

Bildungsdokumentation muss nicht immer Schriftform haben. Bilder kommen dem Dialog mit Kindern eher zugute. Erzieherinnen könnten auch unterstützen oder inszenieren, dass Kinder Schatzkästchen für sich haben und dass Kinder vorführen oder anderen Kindern beibringen, was sie können.

Spätestens am Beispiel der Schatzkiste wird aber auch deutlich, dass ein »Bildungsbuch«, das allein in der Hand des Kindes liegt, nur sehr begrenzt als Mittel für eine Einschätzung (Assessment) durch Erwachsene taugt. Im Extremfall zeigt ein Kind keinerlei Interesse, »seine« private Schachtel zu füllen und sie bleibt leer. Oder sie ist mit Dingen gefüllt, die für Erwachsene unter Bildungsgesichtspunkten schwer oder gar nicht zu deuten sind, da Erlebnisse, Erfahrungen oder Handlungszusammenhänge für das Kind zwar präsent sind, sich aus den Dingen aber nicht erschließen lassen, weil ein »fremder« Betrachter schließlich nicht dabei war.

Wir haben einerseits dargelegt, wie Kinder selbst initiiert »Dokumentationen« entwickeln und wie sich Erwachsene auf diese Initiativen einlassen können, andererseits, wie das Anlegen eines Buchs für das Kind – so weit wie möglich zusammen mit dem Kind und von ihm autorisiert – dazu führen kann, dass die Kinder sich auf diese Inszenierung von Erwachsenen einlassen, wenn das Bildungsbuch dazu beiträgt,

• die Interessen des Kindes zu unterstützen,
• mit dem Kind in Dialog zu kommen (»Revisiting« als nächster Schritt nach dem Dokumentieren),
• das Kind zu ermuntern, selbst zu dokumentieren, was es für sich wichtig findet,

Das heißt dass die Kinder das Bildungsbuch Schritt für Schritt selbst in die Hand nehmen.

Wir stellen mit diesem Beitrag unsere Fragen und Ideen zur Diskussion in der Hoffnung, dass sie für die Weiterentwicklung des Bildungsbuchs fruchtbar sind und offene Fragen sich durch die weitere Erprobung in der Praxis erhellen werden.

Norbert Huhn und Kornelia Schneider

Literatur:

Buchczik, Marie-Louise: »Das Schönste, was wir erleben können, ist das Geheimnisvolle.« Anregungen für forschungsfreundliche Kitas. In: Theorie und Praxis der Sozialpädagogik, Heft 10/2005, S. 18-23

Carr, Margaret: Assessment in Early Childhood Settings. Learning stories. SAGE Publications. London u.a. 2001

Gisbert, Kristin: Lernen lernen. Lernmethodische Kompetenzen von Kindern in Tageseinrichtungen fördern. Beltz. Weinheim, Basel 2004

Deutsches Jugendinstitut: Projektzeitung »Bildungs- und Lerngeschichten«. München, Heft 1/2005, Heft 2/2005 (www.dji.de/bildung-lerngeschichten)

Kazemi-Veisari, Erika: Kinder verstehen lernen. Wie Beobachtung zu Achtung führt. Kallmeyer'sche Verlagsbuchhandlung. Seelze-Velber 2004

Lange, Udo: Vom Aufräumen der Welt. In: Betrifft Kinder, Heft 08/09-2005, S. 14-16

Mey, Günter: Grundlinien einer Qualitativen Entwicklungspsychologie – Eine Einführung –. In: Mey, Günter (Hrsg.): Qualitative Entwicklungspsychologie. Kölner Studien Verlag. Köln 2005, S. 9-31

Müller-Bahlke, Thomas J.: Die Wunderkammer. Die Kunst- und Naturalienkammer der Franckeschen Stiftungen zu Halle. Halle 1998, S. 10

Schneider, Kornelia: Frühe Bildung und Bildungsdokumentation: Voneinander lernen – internationale Erfahrungen und Ansätze in Deutschland. In: Bertelsmann Stiftung (Hrsg.): Guck mal! Bildungsprozesse des Kindes beobachten und dokumentieren. Gütersloh 2005, S. 50-65

Zinnecker, Jürgen: Pädagogische Ethnographie. Ein Plädoyer. In: Behnken, Imbke/Jaumann, Olga (Hrsg.): Kindheit und Schule. Kinderleben im Blick von Grundschulpädagogik und Kindheitsforschung. Juventa. Weinheim/München 1995, S. 21-38

Beobachtungen von Kindern in der Kindertageseinrichtung – strukturelle und konzeptionelle Voraussetzungen und Standards für Fachkräfte und Träger

Beobachtung und Dokumentation sind zwar im Alltag von Kindertagesstätten nicht unbedingt neu. Neu sind allerdings die Intensität, das Niveau der Reflexion und die stringente Einbindung in die pädagogische Praxis. Das Bildungsbuch läuft nicht neben her, sondern ist zentrales Medium. Dementsprechend müssen auch strukturelle und konzeptionelle Voraussetzungen und Standards für Fachkräfte und Träger gewährleistet sein. André Dupuis macht dazu einige Ausführungen und legt besonderen Wert auf Teamarbeit und Fortbildung.

Zu den zentralen Aufgaben der Fachkräfte in den Einrichtungen gehört es, die Entwicklungsmöglichkeiten von Kindern wahrzunehmen, sie aufzugreifen und in den pädagogischen Alltag zu integrieren. Das ist nur möglich, wenn sie die Entwicklungs-, Lebens- und Lernbedingungen der Kinder systematisch und strukturiert beobachten und dokumentieren.

In vielen Einrichtungen werden Beobachtung und Dokumentation mittlerweile – untermauert durch die Bildungspläne der Bundesländer – als grundsätzliche Standards und als wesentliche Aufgaben der Fachkräfte angesehen. Lernwege und Bildungsprozesse von Kindern werden mit unterschiedlichen Methoden beschrieben und festgehalten. Bevor die intensive, systematische Beobachtung von Kindern durchgeführt wird, sollte jedoch geklärt werden, welche konzeptionellen Anforderungen und Bedingungen notwendig sind, um qualifiziert zu arbeiten.

Strukturierte Beobachtung von Kindern ist ein aktiver, zielgerichteter, planmäßiger und vor allem durch Aufmerksamkeit gekennzeichneter Vorgang, der in unterschiedlichen Alltagssituationen, im Freispiel, in Projekten oder bei anderen Aktivitäten stattfindet. Die Fachkräfte treffen eine bewusste Entscheidung für diese Beobachtung. Ausgangspunkt ist die Fragestellung: Was interessiert mich an dem Kind? Was will ich wissen? Worauf bin ich neugierig? Es geht also nicht darum, immer mal wieder, eher zufällig oder punktuell Kinder wahrzunehmen, sondern um die regelmäßig wiederkehrende Beobachtung mit immer neuen Fragestellungen. Vor allen Dingen geht es nicht darum, Kinder zu bewerten und zu beurteilen, womöglich verbunden mit der Absicht herauszufinden, wer denn für dieses oder jenes verantwortlich sein könnte. Vielmehr geht es darum, der Spur der Individualität des jeweiligen Kindes zu folgen und das Kind besser kennenzulernen.

»Bildungsprozesse von Kindern können nur dann von Erwachsenen arrangiert, produktiv unterstützt und begleitet werden, wenn Kinder als vollwertige und ganzheitliche Personen anerkannt und nicht defizitär gesehen werden.«

(Stellungnahme des Bundesjugendkuratoriums »Förderung von Kindern unter sechs Jahren«, 2004)

Die Fachkräfte müssen also in der Lage und willens sein, das Besondere, das Einzigartige an jedem Kind zu entdecken. Voraussetzung dafür ist, dass sie selbst neugierig darauf sind, wie Kinder sich ihre Welt erklären und welche Zusammenhänge sie für sich herstellen.

Der Blick richtet sich auf die ganze Person des Kindes, auf Wahrnehmungen und Verarbeitungsmuster, die ein Kind für sich entwickelt und die es von anderen Kindern unterscheiden. Insofern ist der Prozess des Beobachtens auch eine dialogische Gestaltungsarbeit, die den Schlüssel dafür sucht, Wahrnehmungen von Kindern und Beobachtungsperspektiven von Erwachsenen zusammenzuführen. Dabei geht es nicht um ein vorher festgelegtes Ergebnis, sondern vielmehr um die fragende Haltung, mit der sich die Fachkraft dem, was das Kind tut, offen zuwendet. Mit dem bloßen Hinsehen und Wahrnehmen ist es also nicht getan; erforderlich ist die permanente Anstrengung, das Gegenüber respektvoll wahrzunehmen.

Wenn sie sich dem Thema »Beobachtung« widmen, müssen die Fachkräfte mehrdimensional vorgehen. Das heißt, sie müssen sich klarmachen, worum es ihnen zum Zeitpunkt des Beobachtens geht. Geht es darum, die Themen, Interessen und Bedürfnisse der Kinder zu entdecken und zu erkennen und sie mit den eigenen Themen und Interessen in Einklang zu bringen? Geht es darum, die Entwicklung von Kindern in bestimmten Bereichen zu verfolgen, oder darum, ein einzelnes Kind in der Kooperation mit der (Spiel-)Gruppe und die Dynamik seines Agierens zu beobachten? Lege ich mein Augenmerk darauf, Informationen über die Nutzungsmuster von Räumen und Materialien und die Beteiligung der Kinder bei den unterschiedlichen Aktivitäten, Angeboten und Projekten zu bekommen?

Auf dem Weg in einen offenen Prozess

Das Aufspüren und Erkennen der Themen der Kinder ist nicht ganz einfach zu bewältigen. Da wir generell noch viel zu wenig über Kinder wissen und aus dem Verhalten eines Kindes nicht auf gleiche Muster bei allen Kindern schließen können, ist es nicht möglich, einen Katalog von Themen vorzugeben, weil dies den individuellen Lernwegen der Kinder nicht entsprechen würde. Zudem entstehen die Fragen, die die Kinder für sich entwickeln, in ihrem Tun, in der aktuellen Situation immer wieder neu und betreffen alle Lebensbereiche. Themen des sozialen Miteinander wie Beziehungen, Freundschaft, Kooperation und Konkurrenz tauchen ebenso wie moralische Normen und Werte immer wieder auf. Auch die Fragen nach physikalischen oder chemischen Gesetzmäßigkeiten oder mathematische Operationen haben im Alltagsleben von Kindern einen hohen Stellenwert. Meinen wir, ein Thema gefunden zu haben, stellt sich heraus, dass gerade die verdeckten, für uns nicht sichtbaren Handlungen der Kinder auf ihre spezifischen Fragen hinwiesen. Also müssen wir uns neu auf die Suche machen und die Kolleginnen in den Dialog um die Auseinandersetzung darüber einbinden, was das Thema der Kinder sein könnte.

Einmaliges, oberflächliches Hinsehen allein reicht nicht, um auf ein Thema zu kommen. Häufig wird erst nach einigen Beobachtungssequenzen und vielen Gesprächen im Team deutlich, was das Thema des jeweiligen Kindes eventuell sein könnte. Es geht also immer wieder darum, sich auf den Weg zu machen und darüber zu fantasieren, zu spekulieren.

Mal geht das schnell, aber oft genug brauchen wir Zeit dafür, denn wir müssen uns der eigenen Hypothesen im Dialog mit dem Kind vergewissern. Gleichzeitig müssen wir uns darüber verständigen, welche Themen der Kinder aufgegriffen werden könnten, um in Aktivitäten oder Projekte zu münden – und dies in Auseinandersetzung damit, was wir selbst für wichtig erachten, welche Themen wir für die Kinder wichtig finden. Es kann also nicht darum gehen, schnell einen Ordner mit verschiedenen Themen zu füllen und sich vor lauter Aktivitäten fast zu überschlagen. Vor allen Dingen geht es nicht um das schematische Abarbeiten einzelner Bildungsbereiche: heute mal ein bisschen Kunst, morgen Naturwissenschaften...

Andererseits dürfen wir nicht abwarten, was denn Schönes von den Kindern kommt, sondern wir müssen Impulse für Neuentdeckungen setzen und Herausforderungen stellen, die Kommunikation mit den Eltern suchen und sie auf den spannenden Weg des Lernens mitnehmen. Insofern ist das Aufspüren von Themen der Kinder eine Methode, die uns immer wieder vor neue Fragen stellt, eine Methode, bei der wir anfangs nicht wissen, was am Ende herauskommt. Wir machen uns auf den Weg in einen offenen Prozess.

Voraussetzung: Wissen und Information

Die oben beschriebene Mehrdimensionalität von Beobachtung erfordert, dass Erzieherinnen über den Entwicklungsstand jedes einzelnen Kindes in den verschiedenen Bereichen Bescheid wissen. Dazu müssen sie sich neuere Erkenntnisse der Entwicklungspsychologie angeeignet und ein Bild davon haben, was Entwicklung für die individuelle Biografie in der frühen Kindheit bedeutet. In der konkreten Beobachtungssituation muss die Sicht auf Entwicklungsprozesse der frühen Kindheit mit dem Bild vom Kind als ein aktives, sich eigenständig und kreativ Wissen aneignendes Individuum übereinstimmen. Das heißt: Weiterentwicklungsimpulse müssen auf der Grundlage der beobachteten Kompetenzen des Kindes geplant und gegeben werden.

Erzieherinnen brauchen Informationen über die sozialen Kontakte und Spielpartnerschaften innerhalb der Kindergruppe. Sie müssen herausfinden, welche Kinder befreundet sind, welche Qualitäten und Bedeutungen diese Freundschaften im kindlichen Entwicklungsverlauf haben, welche Positionen einzelne Kinder im sozialen Gefüge der Gruppe einnehmen. Dabei erleben sie, wie sich die Dynamik verändert, wenn Kinder neu hinzukommen oder die Gruppe verlassen. Was sie beobachten, muss immer wieder mit den eigenen Erwartungen und denen anderer Erwachsener – Kolleginnen oder Eltern – verglichen und Widersprüche müssen gemeinsam diskutiert werden. Dazu ist Wissen über Gruppendynamik und Gruppenstrukturen sowie deren Bedeutung im jeweiligen aktuellen Zusammenhang nötig.

Es gilt also, die verschiedenen Beobachtungsdimensionen zusammenzuführen und Beobachtungen nicht losgelöst von der Gesamtperson des Kindes und von seinem Umfeld vorzunehmen.

Beobachtung im Alltagsgeschäft

Ist all dies im Alltagsgeschäft einer Kindertageseinrichtung überhaupt zu leisten? Das Beobachten, Dokumentieren, die Auswertung des Beschriebenen und die Einbettung in den Alltag müssen – nicht nur der Anforderungen wegen, die die Bildungspläne stellen – einen festen Platz in der Kindertageseinrichtung haben. Deshalb ist es notwendig, Beobachtungen und deren Umsetzung zeitlich und personell zu planen und festzulegen. Etabliert sich eine Kultur des Beobachtens, besteht die Chance, individuellen Bildungsverläufen gerecht zu werden.

Zwar kann es keinen für alle Einrichtungen gültigen Plan geben, der Beobachtungen regelt, aber es gibt durchaus einige Prinzipien für gelingende Planung und Organisation. Jede Fachkraft sollte festgelegte Beobachtungszeiten haben, in denen sie von allen anderen Tätigkeiten freigestellt wird. Der Zeitumfang hängt davon ab, welcher Fragestellung nachgegangen werden soll.

Im Team muss klar sein, dass Beobachtung und Dokumentation nicht etwas Zusätzliches sind, das auch noch bewältigt werden muss, sondern etwas elementar Wichtiges, um die Kinder besser kennen zu lernen. Beobachtung ist die Grundlage für das tägliche pädagogische Handeln. Sie kommt den Kindern und der praktischen Arbeit zugute.

Berücksichtigt werden muss, welche Vorgaben des Trägers es bezüglich bestimmter Beobachtungsverfahren gibt. Auch das ist bei der Zeitplanung zu bedenken, die – je nach Verfahren – variieren kann. Zu fragen ist, wie viele Kinder beobachtet werden sollen, wie häufig und mit welcher Methode das geschehen soll, auf welche Beobachtungsdimensionen zu welchem Zeitpunkt Schwerpunkte gelegt werden sollen. Dabei ist es sinnvoll, regelmäßig wiederkehrenden, kurzen Beobachtungen von 5 bis 10 Minuten den Vorzug zu geben.

Am Ende des jeweiligen Beobachtungszyklus wird Zeit benötigt, um sich Gedanken darüber zu machen, wie das Gesehene zu interpretieren und zu bewerten ist, ob und wie es sich im Alltag widerspiegelt. Es muss geklärt werden, wer für welches Kind und dessen Beobachtung zuständig ist. Das gilt sowohl für gruppenbezogene wie auch für Konzepte offener Arbeit. Auch wenn in einer Gruppe mehrere Kolleginnen zusammenarbeiten, ist es wichtig, dies fest zu vereinbaren. Bei geschlossener Gruppenarbeit sollte diskutiert werden, ob eine andere Kollegin ein Kind (zusätzlich) beobachtet. Das kann den eigenen Blick erweitern oder verändern.

Während der Beobachtung muss gesichert sein, dass eine andere Kollegin den Kindern als Ansprechpartnerin zur Verfügung steht. Wenn eine Kollegin für eine Gruppe, ein bestimmtes Gebiet oder einen Bereich in der offenen Arbeit allein zuständig ist, muss besprochen werden, wie das Team sie unterstützen kann. Das gilt auch, um systematisches Beobachten bei Personalengpässen zu sichern.

Wenn der Eindruck entsteht, dass es keinen Spielraum gibt, um regelmäßiges Beobachten und die Auswertung in die pädagogische Arbeit zu integrieren, kann eine Bedarfsanalyse helfen, um Nischen und versteckte zeitliche Ressourcen zu finden. Dazu sind kritisches Durchforsten des eigenen Alltags und der Wille erforderlich, sich von bisher Gewohntem zu verabschieden.

Schließlich muss dafür gesorgt werden, dass der regelmäßige Austausch, die Diskussion und die Planung der nächsten Schritte im gesamten Team stattfinden.

Damit Beobachtungszeiten eingehalten und überprüft werden können, sollte eine Beobachtungsplanung eingerichtet werden. Sie sichert, dass alle Kinder berücksichtigt und die entsprechenden Beobachtungsverfahren angewendet werden. Einerseits muss festgehalten werden, wer an welchem Tag von wem beobachtet werden soll und ob die Beobachtung stattgefunden hat (Wochenplaner). Andererseits wird ein individueller Beobachtungsplan für jedes Kind benötigt (Jahresplaner), der darüber informiert, wann welche Beobachtungen erfolgen, welche Beobachtungstermine anstehen, in welcher Form und in welchem zeitlichen Umfang beobachtet wird, wie das Gesehene reflektiert und mit den Eltern sowie im Gesamtteam besprochen wird. Die Aufzeichnungen darüber werden im Dokumentationsordner des Kindes abgelegt.

Wenn Beobachtung und Dokumentation von Lern- und Entwicklungsprozessen die Grundlage für jegliches pädagogische Handeln der Fachkräfte sein sollen, ist das nicht quasi nebenher und mal eben fix zu machen. Es bedarf der Beratung und Begleitung durch interne oder externe Fachleute und kontinuierlicher Fort- und Weiterbildung, sowohl mit dem gesamten Team als auch für einzelne Fachkräfte einer Einrichtung. Diese Verpflichtung müssen die öffentlichen und freien Träger von Kindertageseinrichtungen einlösen und umsetzen.

André Dupuis

Bildungsdokumentation in Kita-Bildungsplänen

Bernhard Eibeck wirft einen Blick auf die Kita-Bildungspläne der Länder: Werden darin Beobachtung und Dokumentation angesprochen? Und wenn ja, wie?

Baden-Württemberg:
»Vereinbarung zum Orientierungsplan für Bildung und Erziehung in Tageseinrichtungen für Kinder«

Im Abschnitt »Implementierung des Orientierungsplans« heißt es: »Die Qualifizierung schließt insbesondere die Befähigung zur kontinuierlichen Beobachtung und Dokumentation von Bildungsprozessen jedes einzelnen Kindes mit ein.« Im Orientierungsplan, der im September 2005 veröffentlicht wurde, ist zu diesem Thema nichts enthalten.

Bayern:
»Bayerischer Bildungs- und Erziehungsplan für Kinder in Tageseinrichtungen bis zur Einschulung«

Der »Beobachtung und Dokumentation der Lern- und Entwicklungsprozesse des Kindes« ist ein eigenes, fünfseitiges Kapitel gewidmet. Es sollen die Entwicklung, das Lernen und das Verhalten der Kinder beobachtet und dokumentiert werden. Damit verschafft man sich einen »Einblick in Lern- und Entwicklungsprozesse..., um die Qualität von pädagogischen Angeboten festzustellen und

weiter zu entwickeln. ... Es soll eine enge Verknüpfung von Beobachtungen, Dokumentationen einerseits und pädagogischem Handeln andererseits hergestellt werden: Beobachtung und Dokumentation sind einerseits Ausgangspunkte für pädagogische Planungen, sie geben andererseits Rückmeldung über die Ergebnisse pädagogischen Handelns.« Beobachtung und Dokumentation soll für alle Kinder gezielt und regelmäßig erfolgen. Inhaltlich geht es um die im Bildungs- und Erziehungsplan aufgeführten Kompetenz- und Lernbereiche. Es werden drei Methoden empfohlen: Sammeln von Produkten der Kinder, freie Beobachtungen und Aufzeichnungen, strukturierte Formen wie standardisierte Beobachtungs- und Einschätzbögen. An außenstehende Dritte, wie zum Beispiel auch an Schulen, dürfen die Beobachtungsdaten grundsätzlich nur mit Einwilligung der Eltern übermittelt werden.

Berlin:
»Das Berliner Bildungsprogramm«

Beobachtung und Dokumentation werden im Kapitel »Praktische Bildungsaufgaben der Erzieherinnen« abgehandelt. Sie müssen sich »an den Zielen für die Persönlichkeitsentwicklung des Kinder orientieren, damit besondere Begabungen oder Beeinträchtigungen frühzeitig erkannt und entsprechende Unterstützungen für einzelne Kinder geplant werden können«. Außerdem ist die Dokumentation eine »besonders geeignete Grundlage für Gespräche mit den Eltern des Kindes«. »Kontinuierliche Dokumentationen können Entwicklungsfortschritte einzelner Kinder beschreiben«.

Brandenburg:
»Grundsätze elementarer Bildung in Einrichtungen der Kindertagesbetreuung«

Jedes Kind soll »regelmäßig und differenziert beobachtet« werden, um herauszufinden, welche Stärken und Vorlieben es in Bezug auf den Erwerb zentraler Kompetenzen zeigt. Die Beobachtungen »liefern Ansatzpunkte für unterstützende und fördernde Angebote. Sie werden dokumentiert und für die Zusammenarbeit mit den Eltern genutzt.«

Bremen:
»Rahmenplan für Bildung und Erziehung im Elementarbereich«

»Das schriftliche Dokumentieren der Wahrnehmungen und Beobachtungen durch die Fachkräfte sowie das Beschreiben der kindlichen Aktivitäten und das Festhalten der Resultate sind eine wichtige Grundlage für die fortlaufende Gestaltung der Arbeit mit den Kindern. Dazu dienen die Auswertungen von Aufzeichnungen (zum Beispiel über Aktivitäten und Äußerungen von Kindern) und das Führen von Entwicklungsbögen. ... Damit werden sowohl den Kindern selbst als auch den Erziehungsberechtigten die Entwicklungsfortschritte verdeutlicht. Diese Aufzeichnungen bleiben für die Eltern jederzeit einsehbar und werden ihnen übergeben, wenn die Kinder die Einrichtung verlassen. Sie sollten eine Grundlage für die individuelle Förderung in der Schule sein.«

»Durch die Dokumentation ... wird den Kindern die eigenen Lernerfahrungen bewusst gemacht, zugleich nehmen die Eltern Einblick in die Bildungsarbeit der Einrichtung.«

Hamburg
»Hamburger Bildungsempfehlungen für die Bildung und Erziehung von Kindern in Tageseinrichtungen«

Im Abschnitt »Pädagogisch-methodische Aufgaben finden sich Aussagen zum »Beobachten und Dokumentieren«. Man soll sich an »den aufgeführten Zielen orientieren, um die Ressourcen des Kindes und eventuelle besondere Begabungen oder Beeinträchtigungen frühzeitig zu erkennen und entsprechende Unterstützungsangebote zu planen«. Beobachtet wird die »Entwicklung des einzelnen Kindes«, und die »Situation in der Kindergemein-schaft«. Es werden Regeln, Qualitätskriterien und Arbeitsschritte beschrieben.

Hessen:
»Bildung von Anfang an. Bildungs- und Erziehungsplan für Kinder von null bis zehn Jahren.«

Der »Dokumentation der kindliche Lern- und Entwicklungsprozess« wird im Kapitel »Laufende Reflexion und Evaluation« ein eigener Abschnitt gewidmet. Systematische Beobachtung und Dokumentation sind Voraussetzungen, die »Lern- und Entwicklungsprozesse jeden Kindes zu erkennen und zu erschließen und durch individuelle Lernbegleitung zur vollen Entfaltung zu bringen«. Die Dokumentation ist »eingebettet in einen um-

fassenden Handlungsablauf. Dieser beinhaltet die systematische Auswertung und Reflexion von Aufzeichnungen, die Ableitung pädagogischer Zielsetzungen und Planungen, die Umsetzung dieser Planungen, die (Selbst-) Evaluation der Ergebnisse pädagogischen Handelns.« Es wird für jedes Kind eine Dokumentation angelegt, die nicht nur anlassbezogen, sondern gezielt und regelmäßig erfolgt. Dafür gibt es innerhalb einer Einrichtung ein einheitliches Dokumentationsschema. Die Dokumentation bezieht die Sichtweisen von Kindern und Eltern ein.

Mecklenburg-Vorpommern:
»Rahmen für die zielgerichtete Vorbereitung von Kindern in Kindertageseinrichtungen auf die Schule«

Zur Bildungs- und Lerndokumentation werden im mecklenburg-vorpommerischen Bildungsplan keine Aussagen gemacht.

Niedersachsen:
»Orientierungsplan für Bildung und Erziehung im Elementarbereich«

Im Kapitel »Die Arbeit in der Tageseinrichtung für Kinder« gibt es einen eigenen Abschnitt »Beobachtung und Dokumentation – Grundlagen methodischen Vorgehens«. Außerdem enthält das Kapitel »Qualitätsentwicklung und -sicherung« einen Abschnitt »Beobachtung und Dokumentation als Instrument der Qualitätssicherung«. »Beobachtungsverfahren und eine systematische Dokumentation sind wichtige Methoden der Bildungsbegleitung. ... In regelmäßigen Abständen wird ausnahmslos jedes Kind beobachtet. Aufzeichnungen können in Bildungs- und Lerndokumentationen jedes Kindes zusammen getragen werden und halten vor allem konkrete Lerngeschichten und Eigenproduktionen des Kindes fest.« Die Aufzeichnungen dürfen nur mit Einwilligung der Eltern an Dritte weitergegeben werden. »Über die Planung und Dokumentation der pädagogischen Arbeit besteht eine gute Möglichkeit, eine Erziehungspartnerschaft zwischen Erzieherinnen und Eltern aufzubauen.«
»Die Dokumentation des Beobachteten bildet eine Grundlage für die Reflexion im Team, für Gespräche mit den Eltern und – in ausgewählten Fällen – auch für die gemeinsame Reflexion mit dem Kind (zum Beispiel eine Videoaufnahme gemeinsam ansehen). Es sollen feste Beobachtungszeiten in den Alltag der Einrichtung integriert werden. Alle Beobachtungen sollen zeitnah dokumentiert werden. Für die Interpretation ist es hilfreich, wenn mindestens zwei Kolleginnen die gleiche Situation beobachtet haben und ihre unterschiedlichen Wahrnehmungen in die pädagogische Diskussion einbringen.«
»Beobachtung und Dokumentation sind ... auch Instrumente der Qualitätsfeststellung (Evaluation) und Qualitätsentwicklung der pädagogischen Arbeit.«
»Eine Möglichkeit der Dokumentation ist die Herstellung von Bildungsbüchern oder Portfolios für jedes Kind. ... Das Bildungsbuch gehört dem Kind. Es bestimmt über seinen Inhalt mit und über seine Verwendung (zum Beispiel wer darin lesen darf oder was darin aufgenommen wird). Es erhält das Bildungsbuch als sein Eigentum, wenn es die Kindertagesstätte verlässt. Dieses unterstützt Identifikationsprozesse, es vermittelt Wertschätzung, fördert das Selbstbewusstsein und die Fähigkeit des Kindes zu Selbstreflexion.«
»Die Aufzeichnung von Bildungs- und Lerngeschichten dient dazu, die Entwicklung eines Kindes kontinuierlich zu dokumentieren. ... Ziel ist die individuelle Bildungsbegleitung der Kinder in einem ihnen angemessenen Entwicklungstempo. Bis zum Schuleintritt werden die Lernpotenziale und die Entwicklung des Kindes systematisch als Entwicklungsverlauf dokumentiert.«

Nordrhein-Westfalen:
»Bildungsvereinbarungen: Fundament stärken und erfolgreich starten«

Wenn die Eltern oder anderen Erziehungsberechtigen sich damit schriftlich einverstanden erklärt haben, wird angestrebt, dass die pädagogische Fachkraft Beobachtungen »als Niederschrift des Bildungsprozesses des einzelnen Kindes dokumentiert«. Eltern werden in einem Merkblatt über »Sinn und Zweck der Bildungsdokumentation« informiert und es wird ihnen das Recht eingeräumt, der Dokumentation zu widersprechen.

Als wesentlich für die Zusammenarbeit mit der Grundschule wird gesehen, durch die »den Eltern oder anderen Erziehungsberechtigten zur Verfügung gestellten Dokumentationen den Entwicklungsverlauf aufzuzeigen.«

Bildungsdokumentationen über jedes einzelne Kind sind Grundlage für die interne Evaluation.

Rheinland-Pfalz:
»Bildungs- und Erziehungsempfehlungen für Kindertagesstätten«

Bildungs- und Lerndokumentationen ist ein eigenes Kapitel gewidmet. Sie sind ein »grundlegender Bestandteil zukünftiger Bildungs- und Erziehungstätigkeit in Kindertagesstätten«. Dokumentationen sind eine wichtige Grundlage für die Reflexion des Handelns der Erzieherinnen, den Diskurs im Team. »Sie stellen das pädagogische Handeln des Teams auf eine solide Basis«. »Vorgefertigte Raster sind daraufhin kritisch zu überprüfen, ob sie der Entwicklungsoffenheit und der Ressourcenorientierung eines jeden Kindes gerecht werden.«

Es wird angestrebt, dass über jedes einzelne Kind eine Bildungs- und Lerndokumentation geführt wird. Kinder und Eltern sollen wirkungsvoll in die Aufgabe der Dokumentation einbezogen werden. »Bildungs- und Lerndokumentationen leisten einen wesentlichen Beitrag zur Qualitätssicherung und Entwicklung der pädagogischen Arbeit in Kindertagesstätten.«

»Bei der Erstellung von Bildungs- und Lerndokumentationen geht es nicht um eine defizitorientierte Betrachtung der Kinder und nicht um die Anwendung diagnostischer Verfahren. Vielmehr ist das Ziel, Bildungsprozesse und Lernfortschritte beim Kind ressourcenorientiert zu dokumentieren und zu reflektieren, um damit eine solide Grundlage für Entscheidungsprozesse zu haben, wie das einzelne Kind in seiner weiteren Entwicklung gezielt unterstützt, gefördert und gefordert werden kann. ... Bildungsdokumentationen sind eine gute Grundlage für das Erzieherinnen-Eltern-Gespräch.«

Die Dokumentation wird ohne Einwilligung der Eltern nicht an Dritte weitergegeben. Die Eltern sollten darauf aufmerksam gemacht werden, »dass Institutionen oder Personen (Grundschule, Lehrkräfte, Jugendamt etc.) die Vorlage der Dokumentation nicht verlangen können.«

Saarland:
»Bildungsprogramm für saarländische Kindergärten«

»Es gehört zu den ständigen Aufgaben der Erzieherinnen, die Entwicklungsfortschritte der Kinder genau zu beobachten und ihre Beobachtungen zu dokumentieren. So wird die Grundlage geschaffen, sich in regelmäßigen Abständen mit den Eltern jeden Kindes über seine Entwicklung auszutauschen. Erzieherinnen und Eltern können gezielt und gemeinsam überlegen, wie sie ihnen die beste Unterstützung für seine Entwicklung geben können und dabei ihr Handeln aufeinander abstimmen.«

Sachsen:
»Der sächsische Bildungsplan – ein Leitfaden für pädagogische Fachkräfte in Kinderkrippen und Kindergärten«

Im Kapitel »Didaktisch-methodische Überlegungen« ist ein Abschnitt dem »Dokumentieren« gewidmet. Wenn Kinder an ihrer Bildung beteiligt sind, dann müs-

sen sie zukünftig auch viel stärker an der Dokumentation ihrer Bildungs- und Lerngeschichten mitwirken dürfen. Erzieher/innen sollen mit Hilfe von Dokumentationsverfahren in die Lage versetzt werden, die kindlichen Erfahrungen und Lerngeschichten zu reflektieren.

»Für die Bildungsarbeit gilt es, im pädagogischen Alltag zeitliche und finanzielle Ressourcen aufzuschließen. Ebenso müssen Zeiten für die Vor- und Nachbereitung, für den Austausch mit Fachberater/innen, aber auch für die Dokumentation der Bildungs- und Lerngeschichten sowie für die eigene Fort- und/oder Ausbildung zur Ermöglichung einer qualifizierten Arbeit bereit gestellt werden.« Beobachtung und Dokumentation sind »Merkmale professionellen Handelns in Kindertageseinrichtungen«.

»Um die individuellen Fähigkeiten und Fertigkeiten eines Kindes wahrzunehmen und fördern zu können, bedarf es der Beobachtung, Dokumentation und Reflexion von Lernprozessen bei Kindern.«

»Dokumentation ist grundlegend für die pädagogische Praxis. ... Dokumentation lässt Veränderungen und Entwicklungen von Kindern erkennen und dient gleichzeitig als Fundament für die weitere Arbeit. ... Pädagogische Fachkräfte müssen sich im Team über ein geeignetes Dokumentationsverfahren verständigen und dies dann in der gesamten Einrichtung einführen und anwenden.«

»Dokumentationen bilden für Kinder die Möglichkeit zu erfahren, wie sie lernen und sich die Welt aneignen. Erzieher/innen ermöglichen sie den Erwerb und die Weiterentwicklung von methodischen Fähigkeiten, und sie beugen Fehlinterpretationen bzw. Fehlbewertungen von Geschehenem vor.«

»Dokumentationen können nicht ohne Weiteres an Dritte ausgehändigt werden.«

»Dokumentation ... bietet Anlässe, um mit Eltern ins Gespräch zu kommen und sich über die Entwicklung des Kindes auszutauschen.«

Sachsen-Anhalt:
»Bildung: Elementar – Bildung von Anfang an«

Es gibt keine differenzierten Aussagen zum Bereich der Bildungs- und Lerndokumentation.

Schleswig-Holstein:
»Erfolgreich starten. Leitlinien zum Bildungsauftrag von Kindertageseinrichtungen«

Im Kapitel »Zur Rolle der Erzieherin oder Erzieher« wird formuliert, dass Kindertagesstätten vor der Aufgabe stehen, »Verfahren zu entwickeln, die geeignet sind, Bildungsprozesse von Kindern zu dokumentieren, auszuwerten und mit den Eltern zu besprechen. Voraussetzung dafür ist, dass es den Einrichtungen gelingt, geeignete und ressourcenorientierte Dokumentationsverfahren zu entwickeln.«

Thüringen:
Leitlinien frühkindlicher Bildung

Es finden sich keine dezidierten Aussagen zur Bildungs- und Lerndokumentation.

Zusammemgestellt von Bernhard Eibeck

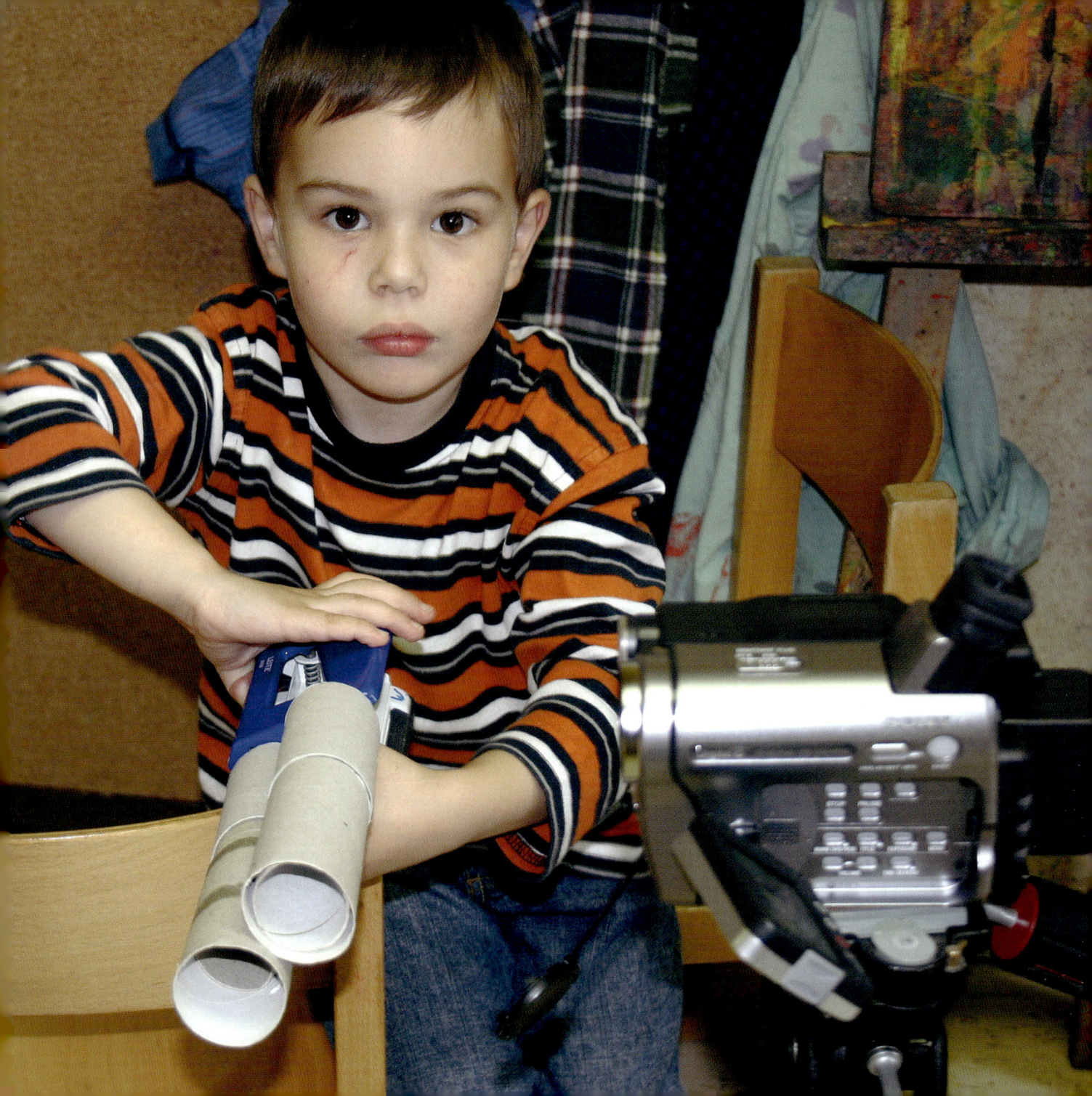

Die Aufgabe der Dokumentation und die Rechte von Kindern im pädagogischen Alltag

Roger Prott problematisiert die offensichtliche Diskrepanz zwischen dem viel strapazierten Wort vom »Recht des Kindes auf...« und der weithin zu findenden Bereitwilligkeit, Kinder zugunsten von Bildung einer Dauerbeobachtung zu unterziehen. Ein zweiter Kernpunkt seines Beitrages ist dem Schutz der Sozialdaten beim Übergang vom Kindergarten zur Schule, einschließlich der Elternrechte gewidmet.

Jedes Kind hat ein Recht auf Bildung. Jedes Kind sollte Zugang zu Büchern haben. Eine Bildungsdokumentation[1] dient dazu, Bildungsprozesse in Tageseinrichtungen für Kinder zu systematisieren. Eine Bildungsdokumentation dient dazu, die pädagogische Arbeit zu qualifizieren. Für alle Kinder sollten daher Bildungsdokumentationen angelegt werden. Das klingt schlüssig, passt zusammen. Probleme stellen sich den Erzieherinnen scheinbar nur, wenn die Rahmenbedingungen der pädagogischen Arbeit nicht ausreichen, denn dann bleibt keine Zeit für intensive Beobachtungen, differenzierte Auswertungen, aufschlussreiche Dokumentationen unter Verwendung vielfältiger Medien, Entwicklungsgespräche mit Eltern und Informationsweitergabe bei der Zusammenarbeit mit Grundschullehrerinnen.

Das stimmt, den hohen Ansprüchen an die Erzieherinnen entsprechen die gesetzlichen Rahmenbedingungen zur Realisierung der Anforderungen an frühkindliche Bildungsinstitutionen in keinem Bundesland. Das Recht der Kinder auf Bildung kann daher nur eingeschränkt eingelöst werden. Auch ist die Bildungsbeteiligung[2] für Kinder bestimmter Bevölkerungsgruppen und/oder verschiedener Altersstufen sehr ungleich. Die Bildungschancen sind nicht für alle Kinder gleich und gerecht verteilt. Die Umsetzung des Rechts auf Bildung wird in der Bundesrepublik Deutschland nicht allen Kindern gewährt und damit ihrem Recht auf Gleichbehandlung widersprochen.

Damit haben wir weitere zwei Probleme im Zusammenhang mit der Bildungsdokumentation. Aber wie war das gleich noch? Erzieherinnen haben nicht genügend Zeit, im Rahmen der Zusammenarbeit Informationen über die Kinder an die Grundschullehrerinnen weiter zu geben? Ist die Weitergabe von Informationen vorgeschrieben und wird aus Zeitmangel gegen die Vorschrift verstoßen? Vielleicht wird eine Weitergabe von Informationen aber entgegen der Rechtslage gefordert. Um die Erörterung dieses Problems geht es in diesem Beitrag vorrangig aus rechtlicher Sicht. Nicht alles jedoch, was recht-

---

1   Die folgenden Ausführungen gelten für alle Versuche der Dokumentation (= Produkt) von Bildungsverläufen von Kindern in Kindertageseinrichtungen.

2   BMBF (Hrsg.): Konzeptionelle Grundlagen für einen Nationalen Bildungsbericht – Non formale und informelle Bildung im Kindes- und Jugendalter. Berlin 2004, S. 139ff.

lich zulässig ist, muss einer pädagogisch-ethischen, einer fachlich-politischen Würdigung standhalten. Ansprüche an die pädagogische Qualität von Kindertageseinrichtungen können in Zielkonflikt zueinander stehen. Deshalb werden in diesem Beitrag auch solche Aspekte thematisiert, die bisweilen ein wenig zu kurz kommen.

Das Produkt Bildungsdokumentation entsteht in den Prozessen des Beobachtens und des Dokumentierens, das heißt des systematischen Sammelns und Konservierens von Informationen über ein Kind. Aus der Diskussion um die Aufsichtspflicht ist bekannt, dass Kinder beobachtet und ihr Tun und Lassen stets überwacht werden müssen. Die Methoden können variieren, nach Kind, nach Situation, nach Erfordernis und Zielstellung.

Ein Beispiel:
Seit mehreren Jahren werben in London zwei Kindertageseinrichtungen damit, dass Eltern ihre Kinder jederzeit im Internet sehen können. Die pädagogische Arbeit erfolgt zwar hinter der geschlossenen Tür der Einrichtung, doch ist sie für Eltern jederzeit zu verfolgen, weil Kameras das Geschehen in allen Räumen aufnehmen. Eltern können von ihrem Arbeitsplatz oder von zu Hause aus Einblick in die Entwicklung ihres Kindes sowie seiner Interessen und Aktivitäten nehmen. Die pädagogische Arbeit ist also im Höchstmaß transparent, und die Kinder sind unter ständiger Beobachtung.

Seitdem Frank Furedi die Beispiele veröffentlichte[3], haben vermutlich etliche Tageseinrichtungen nachgezogen, und ich kann mir gut vorstellen, dass dies auch hier in der Bundesrepublik Deutschland schon nachgeahmt wird. Warum auch nicht? Schließlich können durch den Einsatz moderner Technik zwei wichtige Qualitätsmerkmale von

Tageseinrichtungen für Kinder erfüllt werden. Die Anforderung, dass Eltern einen Einblick in das Alltagsgeschehen erhalten, dass sie wissen »was läuft« und dass sie beteiligt werden sollen, wird intensiv erfüllt. Die Anforderung, dass Kinder nicht unbemerkt verschwinden können, wird hundertprozentig eingelöst. Weil durch die Elektronik der Blick aus der Außenposition möglich ist, braucht niemand mehr hereinzukommen. Die Eingangstür kann tagsüber geschlossen bleiben. Unbefugte werden am Eintreten gehindert. Die Tür ist zugleich Ausgangstür. Bleibt sie geschlossen, werden die Kinder an der Aneignung der Welt gehindert. Die Einrichtung aber kann mit Sicherheit werben. Und damit, dass Eltern vertrauen sollen.

Furedi erklärt, warum darin ein Problem zu sehen ist, welches gewichtiger ist, als das scheinbar gelöste der Unsicherheit. Zwar ist es wünschenswert, dass Eltern Vertrauen gegenüber dem Personal und dem Angebot einer Tageseinrichtung entwickeln, weil es für die Zusammenarbeit notwendig ist. Doch wie kann dies gelingen? Eine permanente Beobachtung ist kein geeignetes Mittel. Handelt es sich gar um eine ununterbrochene Überwachung? Wer wird beobachtet, wer überwacht: die Kinder oder die Erzieherinnen?

Die Dauerbeobachtung erweckt den Anschein, als müsse man ständig auf der Hut sein, weil überall Gefahren lauern. Wer ist potentiell gefährlich? Das eigene Kind – es könnte sich falsch verhalten oder falsch entwickeln? Die anderen Kinder – sie könnten die Entwicklung des eigenen falsch beeinflussen? Die Erzieherinnen – sie könnten ein Kind zu wenig fördern, allzu barsch ansprechen, es missbrauchen?

Die Grundlage der Dauerbeobachtung ist Misstrauen, sie ist daher keine geeignete Grundlage für eine gute

---

3 Furedi, F.: Paranoid Parenting. London 2001, deutsch: Warum Kinder mutige Eltern brauchen. München 2004

Beziehung zwischen Eltern und Kind. Eltern sollten besser in ihrem Vertrauen in die Entwicklung und das Verhalten ihres Kindes bestärkt werden. Auch die Zusammenarbeit zwischen Eltern und Erzieherinnen funktioniert nicht auf der Basis von Misstrauen. Fruchtbarer ist die Annahme, dass Eltern den Erzieherinnen grundsätzlich Vertrauen entgegen bringen, weil sie ihnen ihr Kind anvertrauen.[4]

Nicht vordringlich um die Beziehungen zwischen Eltern und Erzieherinnen oder zwischen Eltern und Kindern soll es in diesem Aufsatz gehen, vielmehr um Kinder und ihre Rechte. Gleichwohl wird an den bisherigen Ausführungen der enge Zusammenhang zwischen verschiedenen Aspekten deutlich: Beobachtung, Überwachung, Sicherheit, Vertrauen, Zusammenarbeit und pädagogische Qualität. Rechtliche Erwägungen sind Anlass und Schwerpunkt der Ausführungen, doch sind sie nicht isoliert von den anderen angemessen einzuschätzen.

Fünf Hauptpunkte werden behandelt: Überlegungen zum Recht von Kindern im Zusammenhang mit Beobachtung; Überlegungen zum Recht von Kindern im Zusammenhang mit Dokumentation; Schutz von Sozialdaten; Rechtsaspekte beim Übergang vom Kindergarten in die Schule; Ergänzungen zum Recht von Kindern und Eltern.

Recht auf Bildung oder Recht auf Beobachtung?

Vorsicht ist geboten. Beobachtung kann in Überwachung umschlagen. Gibt es vielleicht schon unterhalb dieses Qualitätssprunges Beachtenswertes?

Die Arbeitsgemeinschaft für Jugendhilfe stellt fest: »Die Bildungsaktivitäten der Kinder müssen beobachtet werden, um daraus Anregungen für ihre individuelle Unterstützung ableiten zu können.«[5]

Und im Berliner Bildungsprogramm heißt es: »Regelmäßige und gezielte Beobachtungen gehören zu den wichtigsten Werkzeugen der Erzieherinnen und Erzieher, um Kinder wirksam in ihren Bildungsprozessen zu unterstützen. Sie sind daher unerlässlich.«[6]

So oder ähnlich wird in den Bildungsprogrammen aller Bundesländer die Bedeutung von Beobachtung zur Förderung von Kindern herausgestellt. Beobachtung ist Ausgangspunkt pädagogischen Handelns und eines seiner wichtigsten Werkzeuge.

Es geht darum, die Interessen und den Entwicklungsstand von Kindern festzustellen, dazu passende Bildungsangebote zu entwickeln und in einem Prozess permanenter Rückkopplung zu entdecken, wie Kinder darauf reagieren, was sie mit den Angeboten anfangen, welche neuen Angebote sie wohl interessieren. Ein Kind im Alter vor dem Schuleintritt soll keine verbindlichen curricularen Anforderungen erfüllen müssen, vielmehr kommt es auf seine allgemeine Förderung an, die vor allem seine Individualität berücksichtigen und entwickeln helfen soll.

Gezielte Beobachtungen wurden früher vor allem dann eingesetzt, wenn Kinder auffällig wurden, also zeitweise oder dauerhaft nicht in das Bild angemessenen Verhaltens passten. Sie beanspruchten mehr Zuwendung als andere Kinder. Heute sollen alle Kinder regelmäßig beobachtet werden. Alle Kinder dürfen Zuwendung bean-

4   Prott, R. /Hautumm, A.: 12 Prinzipien für eine erfolgreiche Zusammenarbeit zwischen Erzieherinnen und Eltern. Berlin 2004

5   AGJ: Bildung in Tageseinrichtungen für Kinder. Stellungnahme, in: AGJ (Hrsg.): Jugendhilfe und Bildung. Berlin 2003, S. 14

6   Senatsverwaltung für Bildung, Jugend und Sport (Hrsg.): Berliner Bildungsprogramm für die Bildung, Erziehung und Betreuung von Kindern in Tageseinrichtungen bis zu ihrem Schuleintritt. Berlin 2004, S. 37

spruchen. Beobachtung wurde von einer diskriminierenden Form der Zuwendung weiterentwickelt; sie kann sogar als einer Form von Beachtung und Achtung von allen Kindern gestaltet werden.[7] Das ist eine Sicht: weniger Zufälligkeit, mehr Regelmäßigkeit; weniger Diskriminierung einzelner Kinder, gleiches Recht auf Beobachtung für alle!

Gibt es eine andere Sicht? Heutzutage scheinen alle Kinder auffällig zu sein. Jedenfalls ist diese Überlegung nicht völlig abwegig, denn die Beobachtung dient ja nicht nur den Kindern, ihren Interessen, ihrer Entwicklung. Beobachtung als Werkzeug der Erzieherinnen dient auch dazu, Bildungspotentiale auszuschöpfen. Einfach nur Kind sein, das reicht heute nicht mehr. Alle Kinder stehen mehr oder weniger in der Gefahr, nicht das Verhalten zu bringen, das die Erwachsenen von ihm wünschen, nicht den Erwartungen der Gesellschaft zu entsprechen.

Die Teilnahme an Bildungsangeboten vor Schuleintritt ist noch freiwillig, aber wer sich entzieht, hat schlechte Karten. Kinder, die sich beharrlich vor Beobachtung verstecken, gelten als auffällig. Das ist ein paradoxes Bild, nicht zuletzt weil damit der frühere Zustand hergestellt wird, als Kinder auffällig wurden, wenn sie zeitweise oder dauerhaft nicht in das Bild angemessenen Verhaltens passten. Die Widersprüchlichkeit geht noch weiter, denn die Erzieherin muss auch das Verstecken beobachten und als Anlass für pädagogische Überlegungen nehmen.

Apropos Pädagogik. Die Forderung nach Beobachtung wird in keinem Bildungsprogramm konzeptionell weder integriert in die offiziell noch nicht ad acta gelegte Forderung nach erwachsenenfreien Räumen, welche Kindern anerkanntermaßen zu selten zugestanden werden, noch mit der Erkenntnis koordiniert, dass unbeobachtete Freiräume für die Selbständigkeitsentwicklung förderlich sind.[8] Die neue Bildungsdebatte übergeht dieses Problem. Sie legitimiert sogar scheinbar, dass Kinder ihre Zeit nicht nur für sich nutzen dürfen, denn »endlich wird im Kindergarten nicht mehr nur gespielt«. Als das zwanzigste zum Jahrhundert des Kindes ausgerufen wurde, war dieses Signal ein Ruf nach notwendiger Sorge und Schutz und zugleich auch eine Absichtserklärung, die kindlichen Entwicklungsvoraussetzungen zu beachten. Vor allem sollte Kindheit als eine immens wichtige Phase anerkannt werden, die keiner zweifelhaften Zukunft (bzw. der Vorbereitung darauf) geopfert werden dürfe. Janusz Korczak hat in Fortführung dieses Gedankens das Recht des Kindes auf den heutigen Tag proklamiert.

Für das Thema Beobachtung und Recht der Kinder folgt meines Erachtens daraus, dass die verschiedenen und zum Teil widersprüchlichen Anforderungen an die Kindertageseinrichtungen überprüft und miteinander in Einklang gebracht werden müssen. Geklärt werden müsste unter anderem die Frage, wie oft ein Kind beobachtet werden soll, doch die Antwort darauf kann nicht gegeben werden, ohne genauer als bisher üblich zu definieren, wozu beobachtet werden soll. Es geht also – wieder einmal – um die übergreifenden Ziele.

---

7 Kazemi-Veisari, E.: Von der Beobachtung zur Achtung. Workshop-Thema auf dem Fachkongress »Guck mal!« der Bertelsmann Stiftung. Hannover 2004

8 Colberg-Schrader, H./Krug, M./Pelzer. S.: Soziales Lernen im Kindergarten. München 1991, S. 23; Hundmeyer, S./Prott, R: Pädagogischer Auftrag und Aufsichtspflicht der Kindertageseinrichtungen, in: Zentralblatt für Jugendrecht, Heft 6/2005, S. 232ff.

Recht auf Beobachtung oder Recht auf Privatsphäre?

Die unbestimmte Zeitvorgabe regelmäßig, wie sie das Berliner Bildungsprogramm für Beobachtungen vorgibt, reicht im Alltag als Unterstützung der Erzieherinnen für die Durchführung ihrer pädagogischen Arbeit nicht aus. Die Häufigkeit der Beobachtungen kann ebenso wenig eine organisatorische Frage sein, die vorrangig im Zusammenhang mit den Rahmenbedingungen (Personalausstattung) geklärt werden muss, wie sie eine bloße Frage der Methodik verschiedener Beobachtungsverfahren ist. Die Häufigkeit von Beobachtungen muss sich durch die Wahrung der verschiedenen Rechte von Kindern bestimmen lassen.

Kinder haben ein Recht auf Privatsphäre, selbst und gerade in der öffentlichen Erziehung. Sie sollen sich – je mehr Stunden sie sich in einer Tageseinrichtung aufhalten, je eher ist dies relevant – zurückziehen können. Sie besitzen das Grundrecht unserer Verfassung auf freie Entfaltung und damit verbunden das Recht auf informationelle Selbstbestimmung. Sie besitzen das Recht am eigenen Bild[9] und andere Rechte mehr, die im Zusammenhang mit Beobachtung (und Dokumentation) und dem Recht auf Bildung abgewogen werden müssen. Zu befürchten sind nicht allein eine zu geringe Förderung der Kinder, sondern auch Folgen für ihre psychische Entwicklung, die daraus erwachsen, dass sie permanent beobachtet werden, dass sie dies fühlen und dass sie sich dem Zustand dauerhafter Beobachtung und Kontrolle ergeben. Die Erwachsenen demonstrieren damit eben nicht ausschließlich Fürsorge und Unterstützung, sondern zugleich auch Misstrauen in das Kind und seine Entwicklung. Der obligatorische Charakter weist Beobachtung als Normalfall aus; er legitimiert die Begrenzung des Freiraumes für Kinder, welcher andererseits als notwendig für ihre Selbständigkeit angesehen wird.

Es ist unter Umständen schwierig, gleichwohl wichtig, zwischen der Beobachtung als Grundlage der allgemeinen pädagogischen Arbeit und als Instrument zur gezielten Erhebung von Entwicklungsständen bzw. zur Einleitung spezieller Förderangebote zu unterscheiden, wenn das Angebot sich pädagogisch an den Interessen der Kinder orientieren und am individuellen Entwicklungsstand anknüpfen soll:

- § 22 Abs. 3 SGB VIII (Fassung seit 1.1.2005)
  Die Förderung soll sich am Alter und Entwicklungsstand, den sprachlichen und sonstigen Fähigkeiten, an der Lebenssituation sowie den Interessen und Bedürfnissen des einzelnen Kindes orientieren und seine ethnische Herkunft berücksichtigen.
- § 22a Abs. 3 SGB VIII (Fassung seit 1.1.2005)
  Das Angebot soll sich pädagogisch und organisatorisch an den Bedürfnissen der Kinder und ihrer Familien orientieren.

Dazu muss die Erzieherin die Kinder genau kennen und wahrnehmen. Wie könnte sie, ohne Kinderbefragungen oder Beobachtungen durchzuführen, die relevanten Themen herausfiltern und gezielt bearbeiten? Allerdings wird eine empfindliche Grenze des Persönlichkeitsrechtes von Kindern (Sozialdatenschutz, siehe unten) spätestens dann überschritten, wenn die Beobachtung dazu dienen soll, Informationen über ein Kind zu sammeln, um sie beispielsweise externen Dritten für zusätzliche oder anschließende pädagogische Angebote zugänglich zu machen – dazu zählen auch die Lehrerinnen der ersten Grundschulklasse.

---

9   Ebenfalls aus dem allgemeinen Persönlichkeitsrecht des GG abgeleitet und in § 22 KUG (Kunsturheberrechtsgesetz) festgelegt.

Jedes Kind hat ein Recht auf besonderen Vertrauensschutz für Angelegenheiten, die es »seiner Erzieherin« mitteilt. Dieser Vertrauensschutz erstreckt sich bei jüngeren Kindern auch auf Erkenntnisse, die die Erzieherin durch gezielte Beobachtung gewonnen hat. Diese Daten gelten als »passiv anvertraut«.[10] § 65 SGB VIII stellt Informationen, die im Rahmen persönlicher oder erzieherischer Hilfe – egal wie – erlangt werden, in der Geheimhaltungspflicht den Regelungen des Strafgesetzbuchs für Ärztinnen, Psychologinnen oder Sozialarbeiterinnen gleich.

Dokumentation: Recht auf Leistungsbeweis oder Recht auf Nichtstun?

»Bilder, Fragen und Kommentare im Originalton von Kindern oder ihnen wichtige Gegenstände gehören als Selbstzeugnisse in jede Dokumentation über den Bildungsverlauf eines Kindes. Ihre Produkte, die Beobachtungen der Erzieherinnen und Erzieher und die Kommentierungen der Eltern setzen sich so zu einer Bildungsbiographie zusammen. Bildungsbiographien können in Form von Tagebüchern oder Mappen gesammelt und zusammengestellt werden. Auch der Computer bietet die Möglichkeit, festzuhalten (zu speichern), was das Kind zu verschiedenen Zeitpunkten gedacht, gefühlt und getan hat und ihm so zu einem »lebendigen Gedächtnis« zu verhelfen.

Kinder werden dadurch angeregt, ein Bewusstsein für ihre eigene Entwicklungsgeschichte zu entwickeln. Dies ist eine wesentliche Grundlage zur Förderung der lernmethodischen Kompetenzen und eine lustvolle Angelegenheit. Kindern und Eltern kann diese Bildungsbiographie eine wichtige Unterstützung beim Übergang in die Grundschule sein.«[11]

Auch dieses Zitat veranschaulicht eine in den meisten Bildungsprogrammen der Bundesländer vertretene Position. Bildungsbiographien unterstützen die Förderung der Kinder und bereiten ihnen sogar noch Freude. Der Plausibilität dieser Begründung zum Trotz, sollen Dokumentationen oder Bildungsbiographien im Folgenden mit den Rechten von Kindern konfrontiert werden.

Wohl schon immer sammelten Erzieherinnen die Bilder und Bastelarbeiten von Kindern und gaben sie ihnen am Ende ihrer Kindergartenzeit zum Abschied und zur Erinnerung mit. Das hat Kinder und Eltern stets erfreut und die Lagerräume der Kindergärten entlastet. Spätestens mit dem Kontakt zur »Reggio-Pädagogik« wurden die Werke der Kinder nicht mehr nur mit ihrem Namen und der Altersangabe zum Zeitpunkt der Produktion versehen, sondern zusätzlich mit ihren Kommentaren. Die neue Bildungsdebatte bezeichnet die versammelten Werke mit Sammelbegriffen, wie zum Beispiel Dokumentation oder Bildungsbiographie, vorausgesetzt, es wird einigermaßen systematisch und regelmäßig dokumentiert und alle Kinder werden einbezogen.

Die herausragende Rolle der Dokumentation in der pädagogischen Arbeit wird deutlich durch ihre Aufnahme in die Bildungsprogramme der Bundesländer, welche bereits bindende Arbeitsgrundlage für alle Kindertageseinrichtungen sind oder dies demnächst werden. Erzieherinnen werden verpflichtet zu dokumentieren. Kinder

---

10 Krüger, S.: Gegenstand und Grenzen der »Verschwiegenheitspflicht«, in: Groner, F. (Hrsg.): KiTa Recht. Kindertageseinrichtungen aktuell, Sonderausgabe, Nr.1/2004, Seite 17ff.

11 Senatsverwaltung für Bildung, Jugend und Sport (Hrsg.): a.a.O. S. 39

(und Eltern) werden »intensiv orientiert«, dass Dokumentationen nützliche Werkzeuge sind. Der Unterschied zu den Zeiten vor den Bildungsplänen liegt – wie bei der Beobachtung – zum einen in eben dieser Verpflichtung, zum anderen in der anderen Quantität und Qualität: es soll mehr, vielfältiger und systematischer dokumentiert werden.

So kann die Dokumentation als Beweis für Erzieherinnen dienen, dass und in welcher Form sie die von ihnen geforderten Arbeitsleistungen bringen. Vor allem können sie nachweisen, dass sie sich intensiv um das einzelne Kind bemüht haben. Folgt daraus umgekehrt, dass Kinder nun ein Recht darauf haben, dass ihre Lebensäußerungen geachtet werden? Dokumentiert die Erzieherin geduldig über längere Zeit, wenn ein Kind beharrlich sein Recht auf Ruhe und Freizeit nach Art. 31 Abs. 1 der UN-Kinderrechtskonvention geltend macht und nur ein ausdrucksstarkes »Will nicht!« zu seiner Bildungsbiographie oder zur Dokumentation beiträgt?

Recht auf Dokumentation oder Recht auf Vergessen und Neubeginn?

Der Sinn einer Dokumentation liegt nicht im Löschen von Informationen über das Kind, sondern im Aufbewahren. Ein weiterer Unterschied zu früher – neben der Ausweitung des Beobachtens auf alle Kinder – liegt in der Vielfalt und in der Technik der Dokumentationsmedien. Zeitgemäß einbezogen wird beispielsweise der Computer als Bearbeitungs- und als Speichermedium. Mit seinem Einsatz wachsen die Medienkompetenz von

Erzieherinnen und von Kindern ebenso wie die Gefahr, dass sein »lebendiges Gedächtnis« länger lebt als nötig, als gewünscht oder als erlaubt. Die Gefahr wächst, dass die im Gedächtnis des Computers gespeicherten Daten auch nach ihrem klinischen Tod (durch das Löschen) weiter herum geistern oder unbefugt benutzt werden, das heißt in diesem Fall von unbefugten Personen und/oder zu unbefugten Zwecken.

Als Erwachsene wissen wir, dass die Installation von Videokameras, etwa vor Geldautomaten, auf Bahnhöfen, an Regierungsgebäuden oder auf öffentlichen Plätzen heutzutage üblich, aber durchaus strittig ist. Viele Menschen werden aus Gründen der Sicherheit beobachtet, wenn geklärt wurde, dass beobachtet werden darf. Wer die Beobachtung dulden muss, stellt sich vielleicht einige Fragen im Zusammenhang mit der Speicherung und Auswertung der Aufnahmen. Wer darf das Material anschauen und auswerten? Wie wird es gespeichert, und wann müssen die Bilder gelöscht werden? Was muss die Person wissen, deren Abbild festgehalten wird, um notfalls dagegen vorgehen zu können?

Erweitern wir die mehr zufälligen Beobachtungen mit der Kamera um gezielte Aufnahmen und um die systematische Sammlung von anderen Materialien, die Auskunft über einzelne Personen geben, so sind wir beim Thema Dokumentation angelangt. Informationen über ein Kind sollen über die gesamte Zeit seines Aufenthaltes in einer Kindertageseinrichtung systematisch gesammelt und ausgewertet werden. Doch nicht nur das. Die Sammlung von Arbeiten und Selbstzeugnissen eines Kindes soll auch den Übergang in die Schule vorbereiten und eine Informationsgrundlage für die Lehrerinnen der ersten Klasse sein.[12]

---

12 Siehe zum Beispiel Bildungsvereinbarung NRW (S.8) und Hense, M.: Hand in Hand zum Wohl der Kinder. Kooperation zwischen Kindertageseinrichtung und Grundschule. In: klein & groß Heft 6/2004, S. 8

Die Konsequenz? Nichts würde vergessen, das Gedächtnis bliebe lebendig. Dokumentationen über Kinder und ihre Entwicklung, die sie noch in der Grundschulzeit begleiten, kommen einer Personalakte gleich, in die der jeweils nächste Vorgesetzte Einblick nehmen kann, wann er will. Die Chance eines unvoreingenommenen Neuanfangs bliebe dem Kind versagt. Das Wort »Die frühe Kindheit bestimmt die späteren Bildungs- und Lebenschancen« bekäme einen völlig neuen Klang. Dieser Umstand wird kaum gemildert, wenn Kind und Eltern den Inhalt der Dokumentation beeinflussen dürfen und bestimmen dürfen, was drin bleibt und was nicht. Selbst daraus lassen sich Rückschlüsse anstellen; das ist wie bei einem Arbeitszeugnis, das vor allem durch seine Lücken spricht. Nebenbei, wie sehen die Auto fahrenden Leserinnen und Leser dieses Problem? Befürworten Sie ein zeitlich unlimitiertes Punktesammeln in Flensburg? Oder bevorzugen Sie die Möglichkeit des Löschens von Strafpunkten und die Chance eines Neubeginns für sich?

Reichert-Garschhammer hat in einem wichtigen und sehr lesenswerten Artikel[13] die begrenzte Aussagekraft von Informationen/Dokumentationen über ein Kind aus seiner Kindergartenzeit im Hinblick auf seinen Eintritt in die Schule und sein Verhalten dort thematisiert. Sie schätzt das Risiko der Stigmatisierung von Kindern durch die Weitergabe von Informationen größer ein als den mutmaßlichen Gewinn. Sie plädiert deshalb für die Chance eines Neuanfangs. Nach ihrer Auffassung ist das Informationsinteresse der Schule in der Regel defizitorientiert. Der Umgang mit Informationen mündet daher mehr oder weniger bewusst in gezielten Strategien der Schulen, Problemkinder möglichst frühzeitig zu identifizieren.

Zu bedenken ist, dass ein Kind im Übergang vom Kindergarten zur Grundschule eine Phase intensiver Veränderungen durchläuft, die zu bewältigen anstehen. Die Beschreibung des Kindes bezieht sich jedoch auf die Vergangenheit, und Prognosen daraus sind unzuverlässig. Grundschullehrerinnen erlangen Informationen aus zweiter Hand über ein Kind in einem Kontext, der ihnen eher fremd ist. Sie erlangen Informationen nicht unmittelbar selbst von einem Kind, das sich in einem neuen Kontext bewegen lernt. Gerade wenn das Kind sich während der Kindergartenzeit eher auffällig und schwierig verhielt und sein Potential nicht ausschöpfen konnte, verdient es in einem neuen Umfeld eine neue Chance. Jedes Kind hat ein Recht auf Unvoreingenommenheit seiner Grundschullehrerin.

Recht auf Kontinuität oder Recht auf Diskontinuität?

In Fachartikeln und Bildungsplänen wird darauf hingewiesen, dass Kontinuität als vordringliches Prinzip den Übergang vom Kindergarten in die Schule gestalten soll. Diese Auffassung ist vermutlich fürsorglich zu verstehen: zarte Kinderseelen sollen vor den Schrecken von Veränderungen bewahrt werden. In einer Zeit, die rapiden Veränderungen unterworfen ist, und in der Kinder auf die Anforderungen einer ungewissen Zukunft vorbereitet werden sollen, passen pädagogisches Ziel und pädagogisches Prinzip offensichtlich nicht zusammen.

Kontinuität könnte natürlich auch als Wert an sich geschätzt werden. Ist sie das? Tagtäglich im gleichen Trott, kein Urlaub, man könnte sonst aus dem Tritt kom-

---

13 Reichert-Garschhammer, E.: Die elterliche Zustimmung zur Kooperationspraxis von Kindertageseinrichtung und Grundschule; http://www.ifp-bayern.de/cms/BEP_RG_Kita_GS.pdf

men. Die Sicherheit eines Beamten bereits im Vorschulalter; keine Risiken, Attraktionen, Herausforderungen: was wählen wohl die meisten Kinder? Einmal das schwarze Schaf und dann immer weiter? Einmal ein heller Kopf und danach immer im Stress, die geniale Idee haben zu müssen? Haben Kinder nicht auch ein Recht auf Abwechslung?

Demgegenüber weist Griebel auf die Problematik einer Kontinuität hin, wenn sie auf eine Fortführung einer nicht gelungenen Bildungsbiographie hinauslaufen würde. Er stellt im Gegensatz dazu sogar die grundsätzlich gegebenen Vorteile von Diskontinuitäten für die Entwicklung von Kindern heraus. In Diskontinuitäten liegen wichtige Chancen für Erfahrungen und zum Lernen. Es kommt darauf an, Kinder in der Bewältigung von Übergängen (kontinuierlichen und diskontinuierlichen) zu unterstützen.[14] Gute Pädagogen unterstützen die Kinder darin, die Steine auf dem Weg des Lebens zu überwinden; sie räumen die Steine nicht aus dem Weg.

Recht auf Fürsorge oder Recht auf Entscheidungskompetenz?

Das Berliner Bildungsprogramm greift beide Gefahren auf, die der Informationsweitergabe und die der Kontinuität: »Kindern und Eltern kann diese Bildungsbiographie eine wichtige Unterstützung beim Übergang in die Grundschule sein.«

Es ist nach der dort vertretenen Auffassung weder selbstverständlich, dass die Bildungsbiographie jedes Kindes an die Grundschule weitergegeben wird, noch dass sie eine wichtige Grundlage für den Wechsel in die Schule darstellt. Das Programm geht von wechselnden Anteilen von Kontinuität und Diskontinuität[15] für das einzelne Kind aus, versucht also keine fürsorgliche Belagerung des Kindes, sondern seine aktive Auseinandersetzung mit der aktuellen Lebenssituation im Hinblick auf zukünftige ähnliche Situationen zu unterstützen.

Kindern und Eltern muss die Bildungsbiographie nutzen. Zweifellos könnten Bildungsbiographien auch wichtige Unterstützung für Grundschullehrerinnen und Erzieherinnen bieten, doch dafür werden sie nicht angelegt. Kinder und Eltern sollen die Nutznießer der Dokumentation sein. Nur sie entscheiden, ob ihnen die Bildungsbiographie genügend Unterstützung beim Übergang in die Schule verspricht – und vielleicht sogar bietet. Eine Vorstufe davon ist die Entscheidung, dass die Bildungsbiographie dem Kind gehört. Es allein entscheidet mit Unterstützung der Eltern über den Inhalt der Dokumentation.

Recht auf verantwortliche Kooperation oder Recht auf bequemen Transfer von Informationen?

Kaum eine Stellungnahme vergisst die Forderung nach einer verbesserten Zusammenarbeit von Kindergarten und Grundschule. Der Eindruck entsteht: die Forderung ist wohlfeil, aber schwierig einzulösen. Sie wird in den westlichen Bundesländern seit Jahrzehnten erhoben. Geändert hat sich in der Praxis nur dann etwas, wenn lokale Kooperationspartner passende Formen gefunden bzw. ent-

---

14 Griebel, W.: Vernetzung mit anderen Bereichen des Bildungssystems, in: BMFSFJ (Hrsg.): Auf den Anfang kommt es an! Weinheim, Basel, Berlin 2003, S. 192ff.

15 Senatsverwaltung für Bildung, Jugend und Sport (Hrsg.): a.a.O., S. 118ff.

wickelt haben.[16] Eine wirkliche konzeptionelle Absicherung hat (noch) nicht stattgefunden, wenn man denn überhaupt eine fundierte Konzeption, oberhalb etwa einer Ebene von zwei, drei Einrichtungen, finden kann.

Reichart-Garschhammer[17] unterscheidet drei Ebenen der Zusammenarbeit zwischen Kindergarten und Grundschule: (a) einrichtungsbezogen, (b) angebotsbezogen und (c) kindbezogen. Auf der institutionellen Ebene kommt es auf die Entwicklung einer gemeinsamen Konzeption und Planung von Kindergarten und Grundschule auf der Basis der beiderseitigen Achtung ihrer Gleichwertigkeit an. Auf der Angebotsebene sollen Erzieherinnen und Grundschullehrerinnen gemeinsame Aktivitäten entwickeln, die Kinder und Eltern im Übergang unterstützen. Die kindbezogene Kooperation im Einzelfall ermöglicht Lehrerinnen den direkten Zugang zu Kindergartenkindern und Erzieherinnen den Zugang zu ehemaligen Kindergartenkindern in der Schule.

Erzieherinnen und Lehrerinnen können vielfältige Kooperationsenergien auf zwei Ebenen entfalten und brauchen dabei kein Wort über ein einziges Kind zu wechseln. Selbst auf der dritten, der kindbezogenen Ebene stehen ihnen Handlungsmöglichkeiten offen, die keinen Fachdialog (Informationsaustausch) über ein einzelnes Kind voraussetzen, um gemeinsam die künftigen Schulanfänger auf den Übergang vorzubereiten. Demgegenüber kann die Übergabe von Informationen über ein Kind als eine wenig aufwändige, sehr bequeme Form des Kontaktes zwischen Kindergarten und Schule angesehen werden – gilt der bloße Transfer überhaupt schon als Kooperation?[18] In solchen Fällen beschränken sich Erzieherinnen und Lehrerinnen auf die Weitergabe von Informationen, aber es müsste um konzeptionelle Abstimmung und gegenseitige Vereinbarungen gehen. Beide Gruppen lenken von den eigentlichen Aufgaben Koordination und Kooperation ab und vereinfachen sich ihre Aufgaben (zu Lasten des Kindes).

Das neue Bayerische Kinderbildungs- und -betreuungsgesetz (BayKiBiG) von 2005 bezieht hiergegen klar und vorbildlich Stellung:

• Art 15 Abs. 2
Kindertageseinrichtungen mit Kindern ab Vollendung des dritten Lebensjahres haben im Rahmen ihres eigenständigen Bildungs- und Erziehungsauftrags mit der Grund- und Förderschule zusammenzuarbeiten. Sie haben die Aufgabe, Kinder, deren Einschulung ansteht, auf diesen Übergang vorzubereiten und hierbei zu begleiten. Die pädagogischen Fachkräfte in den Kindertageseinrichtungen und die Lehrkräfte an den Schulen sollen sich regelmäßig über ihre pädagogische Arbeit informieren und die pädagogischen Konzepte aufeinander abstimmen.

Ungenauigkeit hingegen im Berliner Kindertagesbetreuungsreform-Gesetz von 2005:

• § 1 Abs. 4
Die Tageseinrichtungen sollen sich mit anderen Einrichtungen und Diensten abstimmen und mit Einrichtungen der Familienbildung und der Erziehungsberatung kooperieren. Der Übergang zur Schule soll durch eine an dem Entwicklungsstand der Kinder orientierte Zusammenarbeit mit der Schule unterstützt werden.

---

16 Griebel, W.: a.a.O., S. 188

17 Reichart-Garschhammer, E.: a.a.O. S.1

18 »Kooperation ist dabei aufzufassen als die bewusste, von allen Beteiligten verantwortete, zielgerichtete, gleichwertige und konkurrenzarme Zusammenarbeit.«; Griebel, W. a.a.O.

Mag im Einzelfall der Fachdialog zwischen Kindergarten und Grundschule über ein einzelnes Kind die Weitergabe von Informationen erfordern, so wird hierfür – in Kooperation mit den Eltern – sicherlich eine spezielle Lösung gefunden werden. Ein allgemeiner Informationstransfer aber gefährdet Pädagogik und Datenschutz zu sehr. Den Grundschullehrerinnen stehen weitaus weniger problematische professionelle Formen der Informationsgewinnung zur Verfügung.

Die Jugendministerkonferenz stellt fest: »Kindertageseinrichtungen und Grundschulen gestalten den Übergang gemeinsam und stimmen ihn miteinander ab. Die Kontinuität des Lernens des Kindes muss durch ein gemeinsames pädagogisches Verständnis und Handeln der jeweils beteiligten Institutionen gesichert werden.«[19] Eine Weitergabe von Informationen wird nicht gefordert, denn von besonderer Bedeutung ist die Anschlussfähigkeit von Bildungsinhalten und pädagogischen Methoden.

Recht auf Schutz der Sozialdaten

Das Grundgesetz der Bundesrepublik Deutschland garantiert jeder Bundesbürgerin und jedem Bundesbürger die so genannten allgemeinen Persönlichkeitsrechte. Zu ihnen gehört in Auslegung des Artikels 2 Abs. 1 GG das Recht auf informationelle Selbstbestimmung. Es gewährleistet die Befugnis des Einzelnen, grundsätzlich selbst über die Preisgabe und Verwendung seiner persönlichen Daten zu bestimmen. Grundsätzlich heißt hier, dass Einschränkungen zulässig sind, wenn sie auf gesetzlicher Grundlage erfolgen und wenn ein überwiegendes Allgemeininteresse vorhanden ist.

Das Recht auf informationelle Selbstbestimmung umfasst alle personenbezogenen Daten, also alle Angaben über einen Menschen und seine persönlichen oder sachlichen Lebensumstände. Solche Daten geben Auskunft über ihn, beschreiben ihn, informieren andere Menschen oder Institutionen über ihn. Mit Hilfe von Daten kann ein Mensch inspiziert, identifiziert und klassifiziert werden. Im hier relevanten Zusammenhang interessiert vor allem die Schutzwürdigkeit der Sozialdaten. Das sind im Grunde alle personenbezogenen Daten, die nach der Sozialgesetzgebung erhoben werden (dürfen). Zu berücksichtigen sind für Kinder in Kindertageseinrichtungen die Vorschriften des Sozialgesetzbuches I (Allgemeiner Teil), des SGB VIII (Kinder- und Jugendhilfe) und des SGB X (Sozialverwaltungsverfahren und Sozialdatenschutz).[20] Zwei Säulen des deutschen Datenschutzrechtes werden deutlich: Da ist einerseits die allgemein geltende Grundlage des Bundesdatenschutz-Gesetzes (BDSG), das durch die spezifischen Datenschutz-Gesetze der Bundesländer an die jeweiligen Gegebenheiten angepasst wird. Da ist andererseits der spezielle – und strengere – Schutz der Sozialdaten nach dem SGB, mit dem das so genannte Sozialgeheimnis (§ 35 SGB I) gewahrt werden soll. Dabei gilt die einfache Regel: Grundsätzlich ist jeder Eingriff unzulässig (§ 67 Abs. 1 SGB X), doch das heißt im Umkehrschluss, dass es auch Ausnahmen gibt.

Jede Erhebung, Sammlung oder Weitergabe von Daten ist ein Eingriff in die Funktion der Gesetze zum Schutz für den einzelnen Menschen. Jeder Eingriff muss

---

19 Beschluss der Jugendministerkonferenz (JMK) vom 13./14.5.2004: Gemeinsamer Rahmen der Länder für die frühe Bildung in Kindertageseinrichtungen

20 Für Kinder mit Behinderungen ist außerdem das SGB IX (Rehabilitation und Teilhabe behinderter Menschen) zu beachten, doch kann dies bei der Frörterung des Datenschutzes außer Acht bleiben.

daher begründet, das heißt genau beschrieben und legitimiert sein. Zwei Grundsätze gelten als Leitgedanken des Datenschutzes:

- der Grundsatz der Verhältnismäßigkeit (§ 13 Abs. 1 BDSG), danach ist ein Eingriff nur in dem Maße zugelassen, wie es die jeweilige Aufgabe erfordert;
- der Grundsatz der Datenerhebung beim Betroffenen (§ 4 Abs. 2 BDSG), damit die Person zustimmen oder ablehnen kann, mindestens aber Kenntnis davon hat.

Der Grundsatz der Verhältnismäßigkeit schließt die Auflage ein, dass Daten überhaupt nur dann erhoben werden dürfen, wenn mit ihnen zumindest eine genau zu benennende Aufgabe erbracht werden soll und kann. Die Daten müssen für die Aufgabenerfüllung notwendig sein (§ 62 SGB VIII). Eine Erklärung, dass es nützlich wäre, die gewünschten Daten parat zu haben, um eine Aufgabe erfüllen zu können, reicht als Rechtfertigung nicht aus. Ebenso wenig rechtfertigen ein pauschaler Bezug – etwa das »Wohl des Kindes« – oder eine allgemeine Verwaltungsvorschrift, wie etwa die Richtlinien zur Kooperation zwischen Grundschule und Kindergarten in Baden-Württemberg, eine Datenerhebung, schon gar keine Datenerhebung bei Dritten.[25]

Wer Daten für eine Aufgabe rechtmäßig erhoben hat, darf sie nicht ohne weiteres jemandem Dritten zur Verfügung stellen, nur weil es vielleicht bequem oder technisch einfach zu bewerkstelligen ist. Getrennt zu betrachten ist die Datenweitergabe von der Datenübermittlung, ebenfalls von der Datennutzung.

Um eine Datenweitergabe handelt es sich, wenn eine Person (zum Beispiel eine Erzieherin) Informationen, die ihr besonders anvertraut wurden, an Dritte gibt. Zu diesen Dritten gehören in Fällen offensichtlichen Anvertrauens – wenn beispielsweise das Kind ein Geheimnis mitteilt – bereits die Kolleginnen innerhalb einer Einrichtung. Schwieriger einzugrenzen ist die Datenweitergabe bei Erkenntnissen, die eine Erzieherin durch gezielte Beobachtung bei jüngeren Kindern gewonnen hat. Der Vertrauensschutz des § 65 SGB VIII gilt hier, auch wenn das Kind noch nicht in der Lage ist, danach zu verlangen. Der Vertrauensschutz gilt für die Informationen, die eine Erzieherin bei der pädagogischen Arbeit in ihrer Gruppe erfährt, gegenüber allen anderen Personen. Sind mehrere Erzieherinnen zuständig für die Kinder, so dürfen sich die regelmäßig Verantwortlichen gegenseitig informieren, denn erstens könnte grundsätzlich jede für sich die gleiche Beobachtung machen und zweitens müssen zur Erfüllung der gemeinsamen Aufgabe die erforderlichen Informationen fließen.

Etwas weniger streng ist das Verbot der Datenübermittlung einzuschätzen. Unter einer Datenübermittlung wird die Bekanntgabe gespeicherter oder nicht gespeicherter Sozialdaten an Dritte verstanden. Das Verbot schließt den Datentransfer oder das Ermöglichen einer Einsichtnahme ein (§ 67 Abs. 6 SGB X). Darunter fällt das Problem der Übermittlung von Informationen an die Schule.

Unter einer Datennutzung (§ 67 VI SGB X) versteht man die interne Verwendung verfügbarer Daten, wenn es die erzieherische Aufgabe erfordert und wenn, wie bei einer Fallbesprechung in einer kleinen Einrichtung, die Anonymisierung ohnehin eine Scheinlösung wäre, weil jede Erzieherin genau weiß, welches Kind gemeint ist. Daten können darüber hinaus als Annex zur allgemeinen Aufgabenerfüllung genutzt werden. Damit sind einerseits Anschlussarbeiten im Zusammenhang mit der pädagogi-

25 Kunkel, Peter-Christian: Datenschutz und Schweigeplicht in Kintertageseinrichtungen; in: Groner, F.: Datenschutz in Kintertageseinrichtungen. Zeitschrift Kita Recht, Sonderausgabe, Nr. 1/2004, S. 7f,

schen Arbeit gemeint, zum Beispiel für Planung, Organisation und Kontrolle durch die Leiterin, andererseits eine an den Bedürfnissen orientierte vertiefte und individuelle Planung durch die zuständige Erzieherin.

Die verbale Differenzierung zwischen den Formen des Informationstransfers (Datenweitergabe, -übermittlung, -nutzung) ist im Alltag einer Kindertageseinrichtung vermutlich weniger wichtig als die Beantwortung der Frage, was davon zulässig ist. Es gilt: Das Erheben, Verarbeiten (also vor allem Speichern und Auswerten) sowie das Übergeben von Daten an Dritte sind unzulässige Eingriffe in das Sozialgeheimnis. Nur im Einzelfall kann die Zulässigkeit gegeben sein. Das muss jeweils geprüft werden. Der bereits erwähnte Grundsatz der Verhältnismäßigkeit zwingt diejenigen, die Daten erheben, verarbeiten oder weiterleiten (wollen) zu einer Abwägung zwischen verschiedenen Vorgaben. Zu fragen ist stets nach einem möglichen Nutzen und einem möglichen Schaden und was davon schwerer wiegt.

Dabei ist zu beachten, dass der Vergleich zwischen Nutzen und Schaden nicht nur »in der Sache bzw. in der Situation« vorgenommen werden darf, sondern verschieden zu gewichtende Vorgaben einbeziehen muss. Beispiel: der Rat einer Kollegin kann von Vorteil sein und eine Weitergabe von Informationen über ein Kind dazu nötig. Selbst wenn die hinzugezogene Erzieherin absolut zuverlässig und verschwiegen ist und kein unmittelbarer Schaden entsteht, kann ein Verstoß gegen das Datenschutzrecht vorliegen. Der unmittelbare Vorteil im Erziehungsprozess muss im Verhältnis zu einer Beschädigung eines Grundrechts gesehen und entsprechend gewichtet werden. Vermutlich kommt man dann zu dem Schluss, dass der Nutzen den Schaden nicht aufwiegt.

Grundsätzlich unproblematisch ist es, wenn Informationen mit Einverständnis oder im Auftrag der betreffenden Person (oder ihres gesetzlichen Vertreters) an Dritte

gegebenen werden. Das kann dazu verführen, die so genannten Betroffenen überreden zu wollen. Schon rechtlich sind dem enge Grenzen gesteckt. Zuerst einmal müssen die Betroffenen informiert werden, dass ihre Daten weitergegeben werden sollen und was damit geschehen soll. Das Transparenzgebot erfordert eine weitgehende Aufklärung! Die notwendige Zustimmung darf nicht nur formal eingeholt werden. Die Betroffenen müssen verstehen, was die Folgen eines Datentransfers sind. Sie müssen die Tragweite erfassen können. Erst dann wird eine Zustimmung gültig. Jede Erzieherin sollte sich jedenfalls mit einem zur Weitergabe zustimmenden Rat zurückhalten und die Entscheidung der Eltern so wenig wie möglich beeinflussen.

Das Leben ist eine einzige Ausnahme. Es lässt auch den Sozialdatenschutz nicht ungeschoren. Wenn der Datentransfer im Regelfall ein unzulässiger Eingriff in das Sozialgeheimnis ist, kann es doch den Ausnahmefall geben. Der kommt hier in zweierlei Gestalt. Der erste Fall wurde bereits erwähnt, das sind die eine Ausnahme begründende Einwilligung des Betroffenen (§ 67b SGB X) sowie die weiter im Gesetz geregelten Übermittlungsbefugnisse (§§ 68 – 75 SGB X). Der zweite Fall ist schwieriger zu Handhaben, es ist der Notfall. Auch dabei muss zwischen Nutzen und Schaden einer Datenübermittlung abgewogen werden. Das beginnt bereits mit der Überlegung, ob es sich überhaupt um einen Notfall handelt.

Der besondere Schutz anvertrauter Daten nach § 65 SGB VIII verpflichtet die Mitarbeiterinnen und Mitarbeiter der Jugendhilfe zu einer Geheimhaltung, die der Schweigepflicht von Ärztinnen, Psychologinnen und Sozialarbeiterinnen (§ 203 StGB) vergleichbar ist. Die Bindung gilt auch gegenüber Kolleginnen und Vorgesetzten und erst recht gegenüber externen Stellen und Personen. Eine Weitergabe solcher Informationen kommt nur mit Einwilligung der Betroffenen oder im Falle eines Notstandes in Betracht, zum Beispiel wenn das Jugendamt eine konkrete, gegenwärtige Gefahr abwenden muss, aber auch nur dann, wenn die Gefahr dadurch tatsächlich abgewendet werden kann (§ 34 StGB, analog für Mitarbeiterinnen der Jugendhilfe § 76 Abs. 1 SGB X). Eine vorsorgliche, allgemeine Mitteilung an das Jugendamt ist rechtlich nicht gedeckt. Zusätzlich muss jede andere, die Vertraulichkeit nicht verletzende Möglichkeit zum Schutz des Betroffenen (des Kindes) erschöpft sein.

Sozialgeheimnis bzw. Sozialdatenschutz nach dem SGB binden die Erzieherinnen öffentlicher Tageseinrichtungen unmittelbar. Erzieherinnen bei freien Trägern sind mittelbar über § 61 Abs. 4 SGB VIII bzw. § 78 SGB X gebunden.

Recht auf Sozialdatenschutz beim Übergang in die Schule

Die allenthalben zu hörenden und zu lesenden Forderungen nach einer kontinuierlichen, intensiven Zusammenarbeit von Kindergarten und Grundschule klingen in jeder Hinsicht einleuchtend: »Hand in Hand zum Wohl der Kinder … Beide Institutionen tragen mit ihren Einflüssen dazu bei, dass das Kind die für seine Entwicklung benötigte Begleitung und Unterstützung erfährt, um den Übergang erfolgreich zu bewältigen.« Aus dem im Prinzip für Kindertageseinrichtungen und Schulen gleichermaßen geltenden Auftrag zur individuellen Förderung von Kindern wird dann kurz geschlossen: »Im Hinblick auf die Ausschöpfung von Bildungsreserven ist es unverzichtbar, dass im Übergang von der Kita zur Grundschule ein Austausch zwischen Lehr- und Erziehungskraft erfolgt über das, was die Schulanfängerinnen an Kompetenzen, Kenntnissen und Erfahrungen in die Schule mitbringen.« Und zu kurz geschlossen wird: »Im Austausch zwischen Kita und Grundschule sollten nicht nur auf die Gesamtgruppe bezogene Informationen transportiert werden, auch das einzelne Kind mit seinen speziellen Begabungen ist Gegenstand des Austauschs.«[22]

Die Autorin schreibt und meint »das einzelne Kind«, also jedes, individuell, aber nicht »einzelne Kinder«. Die Risiken und Nebenwirkungen dieser Spielart pädagogischer Gleichmacherei sind bereits beschrieben worden. Hier nun geht es um den Schutz personenbezogener Angaben über persönliche und sachliche Verhältnisse (= Sozialdaten), wozu eindeutig auch Diagnosen, Bewertungen und Prognosen zu rechnen sind. Geprüft werden muss daher die Rechtmäßigkeit der Weitergabe solcher Informationen oder um es deutlich zu sagen, von Informationen, die im Regelfall eindeutig mehr der Lehrkraft als dem Kind nutzen. Müssen Erzieherinnen in Kindergärten ihre pädagogischen Kolleginnen in den Grundschulen informieren? Nein.

Die Weitergabe von Informationen an die Schule stellt keine Aufgabennorm nach dem SBG VIII dar. Das Gesetz gibt keine Begründung dafür her. Ein Allgemeininteresse ist nicht gegeben. Eine Übermittlungsbefugnis kann nur durch das Einverständnis der Betroffenen erteilt werden, denn mit der Datenübermittlung erfüllen weder Kindergarten noch Schule eine Aufgabe nach dem SGB VIII.[23] Eine Weitergabe von Informationen an die Schule ist durch § 69 Abs. 1 Nr.1 SGB X ebenfalls ausgeschlossen.[24]

---

22 Stellvertretend für viele: Hense, M.: a.a.O.

23 Kunkel, P.-C.: a.a.O., S. 5ff.

24 Für die Schule gilt übrigens (nur) das allgemeine Datengeheimnis des BDSG mit weniger strengen Vorschriften für die Wirksamkeit einer Einwilligung in die Datenweitergabe.

Zum Beispiel könnten Name und Geburtsdatum der künftigen Erstklässler von der Grundschule erbeten werden. Die Angaben gehören nicht zu den anvertrauten Sozialdaten. Trotzdem bedarf die Herausgabe der Einwilligung durch die Eltern, weil der Zweck der Übermittlung eine schulische Aufgabe ist. Die Schule aber unterliegt nicht dem Sozialgeheimnis.

Zwar schränkt auch Hense ein: »Dieser Austausch über die Bildungsgeschichte des einzelnen Kindes bedarf der Abstimmung mit den Eltern, die im Hinblick auf die Weitergabe von Daten und Informationen über ihr Kind ihr Einverständnis erteilen müssen.« Doch erscheint diese Einschränkung eher beiläufig, mehr auf das Wie der Übermittlung konzentriert als auf das Ob. Die Einverständniserklärung der Eltern erscheint wie eine selbstverständliche Bringepflicht, nicht wie eine selbständige Entscheidung.

Demgegenüber erinnert Reichert-Garschhammer nachdrücklich an die Rechtslage: »Bei der Wahrnehmung kindbezogener Kooperationsformen greifen Erzieherinnen und Lehrkräfte in Rechtspositionen der Eltern und des Kindes ein.«[25] Beide Kooperationspartner müssen die vorrangige Erziehungsverantwortung der Eltern und das informationelle Selbstbestimmungsrecht der Eltern und des Kindes achten. Sie können sich hierbei grundsätzlich nicht auf gesetzliche Befugnisse berufen.

Für Kindertageseinrichtungen gelten das SGB VIII sowie die darauf aufbauenden Ländergesetze. Hier greift der besondere Vertrauensschutz nach § 65 SGB VIII, die meistens bei gezielten Beobachtungen der Kinder (bzw. ihres Lern- und Entwicklungsprozesses) gewonnen wurden und daher anvertraute Daten sind.

Die Schule hat (verfassungs-)rechtlich vor Schuleintritt nur während des Einschulungsverfahrens Zugang zum Kind. Zeitlich sind dem keine engen Grenzen gesetzt, so dass Aktionen zum Kennenlernen der Schule, wie sie meistens im letzten Kindergartenjahr üblich sind, durchaus dazu gerechnet werden können, solange die Grundschullehrerinnen keine Erkenntnisse über einzelne Kinder erlangen. Für den Kontakt der Lehrkräfte mit den Kindern, beispielsweise auch bei ihren Besuchen im Kindergarten, wird die Zustimmung der Eltern vorausgesetzt.

Der Vorbehalt einer elterlichen Zustimmung – und übrigens auch die Zustimmung der Kinder nach ihrem altersgemäßen Verständnis – steht einer Zusammenarbeit mit Erzieherinnen und Grundschullehrerinnen nicht entgegen, entspricht sogar eher dem Verständnis einer gleichberechtigten Zusammenarbeit. In gewisser Hinsicht schafft der Vorbehalt erst die Voraussetzung für die Zusammenarbeit, denn: »... die Entscheidungsfreiheit der Eltern (muss) gewährleistet sein. Dies setzt ein Gesprächsklima voraus, das auf jegliches Ausüben von Macht, Autorität, Entscheidungsdruck und staatlicher Bevormundung verzichtet, das allein auf Überzeugen durch gute Argumente setzt. Die Autorität, die die Schule wegen ihrer hoheitlichen Machtposition ausstrahlt, beraubt Eltern mehr oder weniger ihrer Entscheidungsfreiheit und kann sie unter Entscheidungsdruck setzen.«[26]

---

25 Reichert-Garschhammer, E.: Die elterliche Zustimmung zur Kooperationspraxis von Kindertageseinrichtung und Grundschule; http://www.ifp-bayern.de/cms/BEP_RG_Kita_GS.pdf, S.3
26 A.a.O. S.5

Der Artikel von Reichert-Garschhammer ist bereits mehrfach zitiert und auch als lesenswert empfohlen worden. An dieser Stelle ist eine Einschränkung erforderlich.

Die Autorin weist auf die hoheitliche Machtposition der Schule hin, die Eltern leicht unter Entscheidungsdruck setzt, ja sogar die Eltern ihrer Entscheidungsfreiheit beraubt. Sie stellt die Kooperation der Eltern als eine wichtige Voraussetzung dar, sollen Bildungsangebote gelingen. Sie stellt fest, dass der Eingriff in Rechtspositionen der Eltern bei der Durchführung pädagogischer Arbeit gefährlich nahe liegt und dass Erzieherinnen acht geben müssen, weil sie keine gesetzlichen Befugnisse dazu haben. Sie beschreibt, dass manche (vielleicht an sich) wünschenswerten Aktionen unter dem Vorbehalt der Zustimmung der Eltern im Rahmen des Sozialgeheimnisses stehen. Und sie beschreibt, dass anderes nicht so streng zu sehen ist, weil Eltern der Erzieherin nur eine allgemeine »Vollmacht« erteilen müssen, damit sie ein spezielles pädagogisches Angebot mit dem Kind unternehmen kann.

Das ist rechtlich sicherlich wichtig zu unterscheiden. Im Alltag einer Kindertageseinrichtung und hier besonders in der Beziehung zwischen Eltern und Erzieherin darf diese Unterscheidung jedoch nicht dazu führen, dass die Elternrechte in dem einen Fall gewahrt, in dem anderen Fall trickreich umgangen werden. Bei Reichert-Garschhammer liest sich das so:

»Kindergartenbesuche der Lehrkräfte, Schulbesuche der Kindergartenkinder oder Schulbesuche der Erzieherinnen, um ihre ehemaligen Kinder im Unterricht zu erleben, unterliegen dem Allgemein- und Gemeinschaftsinteresse und müssen damit der individuellen Entscheidungsmacht der Eltern entzogen sein. Dass einzelne Eltern dies trotz nötiger Vollmachtsübertragung nicht blockieren können, lässt sich durch folgende Maßnahmen erreichen...«

In der Sache ist ihr wahrscheinlich noch zuzustimmen. Den Eltern, die den Erfahrungsraum von Kindern einschränken, ist schlecht beizukommen. Sie sind meist wenig einsichtig. Was hier allerdings empfohlen wird, ist die Einschränkung elterlicher Rechte:

- ein Teil der Entscheidungsmacht der Eltern soll entzogen werden;
- ein Recht soll eingeschränkt werden, weil Eltern damit blockieren können.

Erzieherinnen sollen nicht nur pädagogische Aktionen mit Kindern planen, sondern auch mit Eltern zusammen arbeiten. Sie wissen, Eltern sind nicht blöd. Nicht alle. Nicht immer. Sie lassen sich nicht hinters Licht führen. Entweder man meint die Zusammenarbeit (Partnerschaft!) ernst oder nicht. Jemandem sein Recht zu entziehen, nur weil er oder sie damit anders umgeht, als es mir passt? Wenn das Schule macht ...

Zu einer Zusammenarbeit gehört die Auseinandersetzung und Konsensfindung, nicht deren Vermeidung durch juristische Tricks. Wenn sozialdatenrechtliche Einwilligungen auf einer freiwilligen Entscheidung der Eltern beruhen müssen, um wirksam zu sein, Vollmachten aber nicht, wird deshalb ein freiwilliger Zwang als Mittel der vertrauensvollen Zusammenarbeit zugelassen und gerechtfertigt? Mit welchen Auswirkungen für die Zusammenarbeit?

Wenn Eltern Entscheidungsfreiheit rechtlich zusteht, muss man – wohl oder übel – das Risiko in Kauf nehmen, dass sie anders entscheiden als man selbst. Die pädagogische Herausforderung beginnt, nachdem man unterschiedliche Ansichten festgestellt hat.

Also bitte Obacht bei der Lektüre auf diesen (einen) Widerspruch!

Wollen Erzieherinnen und Grundschullehrerinnen auf der institutions- und der angebotsbezogenen Ebene (siehe oben) miteinander kooperieren und berechtigen Eltern in diesem Zusammenhang eine Grundschullehrerin zum Zugang zu ihrem Kind, darf diese mit dem Kind sprechen, durch beiläufiges Beobachten auch Eindrücke sammeln und die Eindrücke anonymisiert reflektieren. Keinesfalls gedeckt sind hingegen ein systematisches Beobachten oder gar Testen der Kinder sowie ein Informationsaustausch über die Kinder unter Nennung des Namens.

Geht es um die Unterstützung eines einzelnen Kindes im Übergang zur Grundschule (kindbezogene Ebene) bedarf der Informationsaustausch zwischen Erzieherinnen und Grundschullehrerinnen der ausdrücklichen, schriftlichen Einwilligung durch die Eltern. Erzieherinnen müssen bei der Weitergabe von Informationen an den Grundsatz der Verhältnismäßigkeit denken. Sie können davon ausgehen, dass grundsätzlich alle von der Schule benötigten Informationen durch die Lehrkräfte bei den Eltern (Personensorgeberechtigten) eingeholt werden müssen oder direkt beim Kind durch Tests oder andere Verfahren. In der Konsequenz sollten Erzieherinnen grundsätzlich keine (= nur ausnahmsweise) Informationen über einzelne Kinder an die Schule weiterleiten. Für die Entscheidung einer Erzieherin, welche Informationen über ein Kind sie weitergibt, kann die Frage leitend sein: »(Wie) Nutzt die Information dem Kind beim Übergang in die Schule?«

Die Erzieherin sollte sich also zurückhalten bei Informationen, die nur für die Erstklassenleitung von Bedeutung sind. Auch sind nicht immer und nicht überall die Lehrkräfte der zukünftigen Schulanfänger identisch mit den Kontaktpersonen zu den Kindergärten. In solchen Fällen kann nicht einmal davon ausgegangen wer-

den, dass die Sozialdaten über ein Kind richtig und angemessen ankommen.

Aus Tradition wird der Prozess des Übergangs in die Grundschule eher als Schulvorbereitung der Kinder (um nicht zu sagen als Zulieferung durch den Kindergarten) verstanden und mit dem Einschulungstag als beendet angesehen. Diese Ansicht gilt als überholt: »Kindertageseinrichtungen und Schulen haben gemeinsame pädagogische Grundlagen, die in der Förderung der Gesamtpersönlichkeit sowie im Aufbau tragfähiger sozialer Beziehungen liegen ... ist zu fordern, dass Schulen und Kindertageseinrichtungen den Übergang gemeinsam gestalten und ihre Methoden aufeinander abstimmen.«[27] Und demzufolge sollte die Zusammenarbeit zwischen Kindergarten und Grundschule zu diesem Zeitpunkt nicht einschlafen und erst im Folgejahr wieder erwachen. Auf der angebots- und institutionsbezogenen Ebene unterstützen Informationen der Grundschullehrerinnen an die Erzieherinnen die ständige Fortentwicklung der pädagogischen Angebote. Rückmeldungen helfen, Absprachen zu verändern, neue Verabredungen zu treffen, neue gemeinsame Aktivitäten zu planen, die Kriterien von Empfehlungen zu ergänzen oder zu bestätigen. Im Einzelfall informieren die Grundschullehrerinnen über die Entwicklung eines Kindes. Neben den Eltern kennt nur sie das Kind in der Zeit vor Schuleintritt so genau; und deshalb hilft ihre Einschätzung der Lehrerin bei der Interpretation des Verhaltens eines Kindes in der Schule.

Reichert-Garschhammer weist darauf hin, dass die Phase des Übergangs in die Grundschule (spätestens) mit dem Ende des ersten Schuljahres abgeschlossen ist. Darum sind alle Daten und Dokumente, die die Schule für diesen Zusammenhang erhalten oder erstellt

---

27 Jugendministerkonferenz a.a.O.

hat, zu löschen![28] Daten dürfen, wenn überhaupt, eben nur für einen bestimmten Zweck erhoben und nicht anders verwendet werden.

Rechte von Kind und Eltern

Bereits in den vorangestellten Abschnitten wurde hin und wieder auf die Eltern und ihre Rechte hingewiesen. Zum Schluss nun werden, trotz der Gefahr der Wiederholung, noch einige Aspekte zusammengefasst bzw. ergänzt.

Die Eltern (genauer: die Personensorgeberechtigten) sind zugleich die gesetzlichen Vertreter des Kindes. Ihnen steht ein volles Auskunftsrecht zu. Sie brauchen umfassende Informationen, weil sie sonst weder ihre Personensorge wahrnehmen, noch die Interessen ihres Kindes angemessen vertreten können. Zur elterliche Sorge gehört, dass Eltern Informationen über das Kind gegenüber unbefugten Personen schützen. Das kann einer der beiden Eltern sein, dem nicht die (gesamte) Personensorge zusteht. Das kann die Erzieherin sein, die Grundschullehrerin.

Erzieherinnen erfahren vieles über ein Kind. Auch ohne Beobachtung. Erzieherinnen kennen dessen Vorlieben, Wünsche, Interessen, Eigenarten, Ängste. Manche Kinder vertrauen ihnen sogar Geheimnisse an. Nicht alles davon ist für andere Ohren bestimmt, sonst wären es keine Vertrauensbeweise und keine Geheimnisse. Manches sollen nicht einmal die eigenen Eltern erfahren. Das beginnt bei der vertraulichen Mitteilung, was das Kind der Mutter zum Geburtstag schenken will und reicht über das Spielen mit den Eltern missliebigen Freunden, das (von Eltern nicht gewünschte) nackte Spielen in der Sommersonne bis hin zum Anvertrauen,

dass das Kind mindestens manchmal Angst vor den eigenen Eltern hat.

Alle Informationen über das Kind sind schützenswerte Daten. Für besonders anvertraute gilt der besondere Schutz nach § 65 SGB VIII, der der Schweigepflicht nach § 203 StGB gleichgestellt ist. Ausdrückliche Bitten um vertrauliche Behandlung sind klar und eindeutig. Jungen Kindern steht dieses Repertoire nur begrenzt zur Verfügung; sie teilen sich anders mit. Sie vertrauen sich passiv an, wenn die Erzieherin ihre Informationen durch gezielte Beobachtungen gewinnt. Beide Informationswege sind gleich geschützt. Die beobachteten Kinder müssen also nicht einmal wissen oder verstehen, dass ihre Äußerungen geschützt sind.

Das Recht der Eltern auf Auskunft über ihr Kind wirkt als Auskunftspflicht in den Arbeitsauftrag der Erzieherin. Sie muss diesem Auftrag nachkommen. Die Auskunftspflicht ist eine der Grundlagen für eine offene Zusammenarbeit zwischen Erzieherinnen und Eltern. Gegenseitige Informationen sind Grundlage für die Erfüllung der gemeinsamen Aufgabe: Erziehung und Förderung des Kindes. Dabei gilt es zu beachten, dass die Informationen durch die Eltern bis auf wenige Ausnahmen keine Verpflichtung darstellen, sondern ein Vertrauensbeweis gegenüber der Erzieherin. Umgekehrt unterliegt die Erzieherin der Informationspflicht.

Dem Schutz des Kindes bzw. seines Vertrauens kann das Recht der Eltern auf Auskunft über ihr Kind gegenüber treten. Wenn ein Kind sich der Erzieherin anvertraut und die Eltern von ihr darüber informiert werden möchten, kann sie in einen Vertrauenskonflikt zwischen Kind und Eltern kommen. Welchem Wunsch gibt sie nach? Solch ein Konflikt dürfte eher selten und nur durch sorgfältige Interessenabwägung zu lösen sein.

---

28 Reichert-Garschhammer, E.: a.a.O. S.14

Dritten gegenüber ist der Fall eindeutig. Anvertraute Daten werden nicht weitergegeben, außer wenn die Erzieherin gerade zum Zwecke der Übermittlung ins Vertrauen gezogen wurde. Das Vier-Augen-vier-Ohren-Prinzip gilt für die Erzieherin unbedingt auch gegenüber ihren Kolleginnen. Offensichtliches fällt jedoch nicht unter den Vertrauensschutz. Sollten mehrere Erzieherinnen regelmäßig zuständig für ein Kind sein und im Prinzip allen die passiv anvertrauten Informationen zur Verfügung stehen, dürfen sich diese Personen selbstverständlich darüber verständigen, ohne Gefahr zu laufen, gegen die Vorschriften zu verstoßen.

Bei der Beobachtung eines Kindes können zum Beispiel Misshandlungsspuren entdeckt werden. Wenn sie so offensichtlich sind, dass nicht von einer vertraulichen Datenweitergabe gesprochen werden kann, sollte zuerst das Gespräch mit den Eltern gesucht werden. Im Falle eines Misserfolges (und weiteren Verdachts) ist eine Datenübermittlung an das Jugendamt zulässig (§ 69 Abs. 1 SGB X), weil dieses dann seiner gesetzlichen Aufgabe nachkommen kann.

Zum Schluss nochmals zurück zum Ausgangspunkt, der systematischen Beobachtung und Dokumentation der Kinder und ihrer Entwicklung. Müssen Eltern ihre Zustimmung dazu geben? Für den internen Gebrauch in einer Einrichtung, also zur Erfüllung des Erziehungs- und Bildungsauftrages sowie für eine qualifizierte Praxis ist dies rechtlich nicht nötig. Beobachtung und Dokumentation können inzwischen als in den gesetzlichen Bildungs- und Erziehungsauftrag integrierte Teilaufgaben für Erzieherinnen angesehen werden, die keiner gesonderten Zustimmung der Eltern bedürfen. Allerdings können Rechtsgrundlagen der Bundesländer (Kita-Gesetze oder Bildungsempfehlungen) entsprechende Vorgaben enthalten, wie zum Beispiel in Rheinland-Pfalz und in Nordrhein-Westfalen.

Roger Prott

Mein Interview

Name: Erik Weizev

Datum: 25.10.05

Thema: „Это я" →

Меня завут Эрик.

Вайцель меня тоже звать.

Мене 50 лет

Мои Глаза чёрные

Чёрные Волосы

А моя Кожа серебриная

Я большой ростам

Я замечаю по глазам сто я вырос.

Моя самая любимая книжка „Пингвин"

Я люблю нашадку

Я адиваю майку и пиджак каждый день.

Я люблю себя адивать вразём.

Кагда я буду большим, я буду Врать.

Мне нравится кушать какуруза и

марковку и чиснок

Суп я не люблю

Не когда я ещё не слышал такое слова.

Я люблю тяжёлава музыку

Bild:

Это буква одна.

Momentaufnahmen aus der Praxis

Die hier vorgestellten Kindertagesstätten haben eines* gemeinsam: sie haben sich auf den Weg gemacht, die Bildung ihrer Kinder sichtbar zu machen.

Die Ergebnisse sind sehr unterschiedlich. Sie hängen von den Eigenheiten der Träger, der Bildungslandschaften, der Menschen ab. Sie zeigen unterschiedliche Geschwindigkeiten und Standpunkte. Sie sollen ermuntern, das Bildungsbuch für sich zu entdecken und zum Ausprobieren anstiften.

Gesine Kulcke hat die Einrichtungen besucht und portraitiert. Sie kam nicht als Pädagogin, als Beraterin oder Wissenschaftlerin. Sie ist Journalistin und hat beobachtet und aufgeschrieben, was sie gesehen und gehört hat. Ihr »Blick von außen« war uns wichtig. So sind Momentaufnahmen entstanden, mit Originaltönen, Bildern und Dokumenten: Ganz so wie sie auch in jedes Bildungsbuch gehören. Nah an den Menschen und stets auf der Suche nach Potentialen und Perspektiven.

---

* Und noch etwas haben sie gemeinsam: (fast) alle Erzieherinnen gehören der GEW an.

Entwicklung wird sichtbar

Gestern hat Marie noch Familienbilder für ihren neuen Ordner ausgesucht, heute nimmt sie ihn zum ersten Mal mit in den Kindergarten. Um kurz vor acht erreicht sie den Rotweg in Winnenden und öffnet die Tür. Sie verabschiedet ihre Mutter, klemmt sich den Aktenordner unter den Arm und betritt den großen Gruppenraum. Ganz rechts ist die Leseecke, daneben das Spielhaus. Am Maltisch wird gezeichnet und geklebt, vor dem großen Fenster stehen die blauen Flugzeuge, die Helena und Lukas gestern aus Lego gebaut haben. Die meisten der zwölf Kinder zwischen fünf und sechs sind schon da. Sie treffen sich jeden Morgen um acht in der roten Gruppe.

Auch Alisa hat einen Ordner mitgebracht. Anja Bergmann, die den Paul-Schneider-Kindergarten leitet, reicht die Ordner von Marie und Alisa weiter. »Als nächstes werden wir ein Regal besorgen, denn es werden sehr viele Ordner«, sagt sie, »ein Ordner für Helena, ein Ordner für Lukas, für jedes Kind einen.« Sie überlegen, was alles in den Ordnern gesammelt werden soll. Helena will unbedingt das Foto aufheben, das Anja Bergmann gestern von ihr mit dem Lego-Flugzeug aufgenommen hat. »Und alle Bilder, die wir schon haben.« Sie holen ein dickes Fotoalbum aus dem Regal und legen es auf den Tisch. Sie entdecken Leon beim Puzzeln, Marie, die mit Wasserfarben malt, Alisa, die Kreise zeichnet, den Besuch bei der Feuerwehr und der Polizei.

Das Bildungsbuch ist für Marie, Alisa, Lukas und Helena noch neu. Ihren Eltern hat Kornelia Schneider es bereits erklärt. Die Pädagogin vom Deutschen Jugendinstitut kam aus München und stellte die Beobachtungsmethoden vor, mit denen Anja Bergmann und ihre Kollegin Patricia Baumann die Entwicklungsschritte der Kinder dokumentieren und in Bildungsbüchern sammeln werden. Kornelia Schneider zeigte einen Film über die Neuseelän-

derin Margaret Carr und forderte damit auf, den traditionellen Bildungsbegriff durch einen neuen zu ersetzen. Kein leichtes Unterfangen. Eine Szene zeigte, wie eine Erzieherin jeden Handgriff eines Kindes notierte und fotografierte, das aus Decken und Tüchern ein Lager baute. Warum nun gerade dieses Spiel dokumentiert werde, und was das Kind dabei lerne, fragten die Eltern. Kornelia Schneider zählte die motorischen Fähigkeiten auf, die das Kind braucht und beschrieb die statischen Probleme, die es beim Bau der Höhle löst. Trotzdem blieb die Beobachtung für viele Eltern eine alltägliche, ohne besondere Bedeutung. »Es ist ein Blick auf das Kind, der nicht ganz einfach zu vermitteln ist«, meint Anja Bergmann. »Wir achten auf die Stärken des Kindes, während früher allgemein eher auf Defizite geachtet wurde, um sie durch gezielte Förderung zu korrigieren.«

Träger des Paul-Schneider-Kindergartens ist die Evangelische Gesamtkirchengemeinde Winnenden. Die Leitung übernahm die Sozialpädagogin Anja Bergmann vor fünf Jahren. Gemeinsam mit der Sozialpädagogin Patricia Baumann betreut sie von 7.30 bis 13.30 Uhr 24 Kinder im Alter von drei bis sechs Jahren. Der Träger zahlt zu den 30 Stunden Öffnungszeit weitere zehn Stunden Verfügung. Anja Bergmann und Patricia Baumann nutzen diese Zeit neben Dienstbesprechungen, Verwaltungsarbeiten, Elterngesprächen, Hausbesuchen und Sitzungen für die inhaltliche Weiterentwicklung ihres pädagogischen Konzeptes, das sie selbst als »situationsorientierten Bildungsansatz« bezeichnen. »Wir haben den Situationsansatz weiterentwickelt und gehen wie der Freiburger Professor Peter Huppertz davon aus, dass es nicht nur wichtig ist, die aktuelle Situation eines Kindes, sondern auch das, was es einmal brauchen wird, im Blick zu haben.«

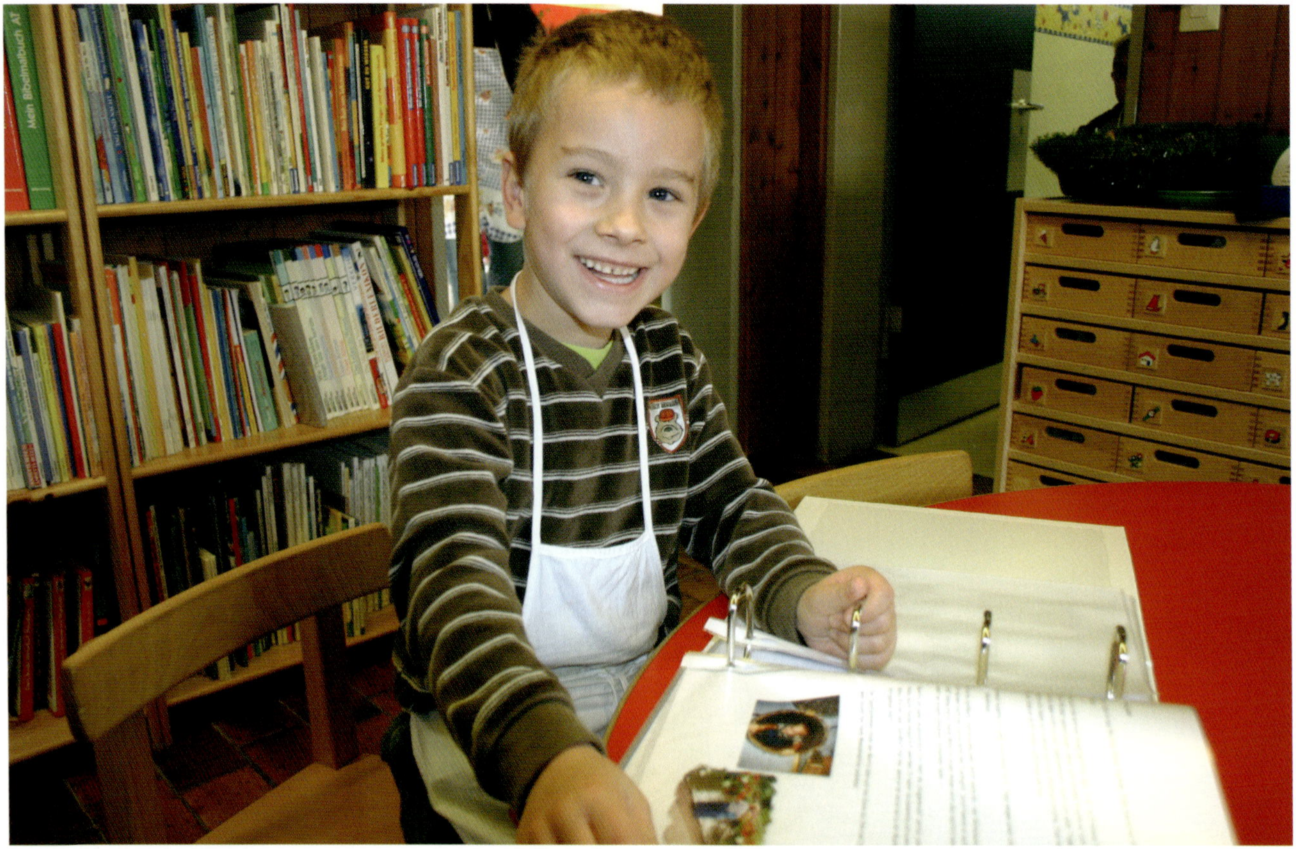
Mein Bibelmalbuch AT

m Glück
Moritz
Moritz

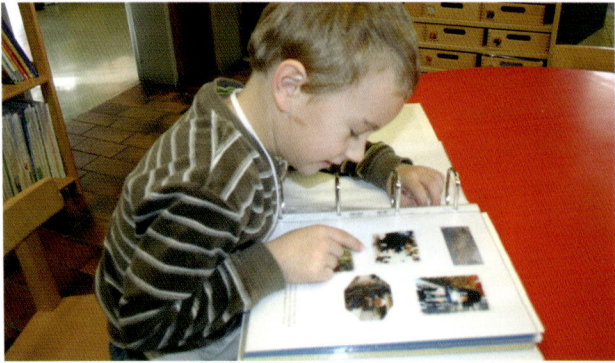

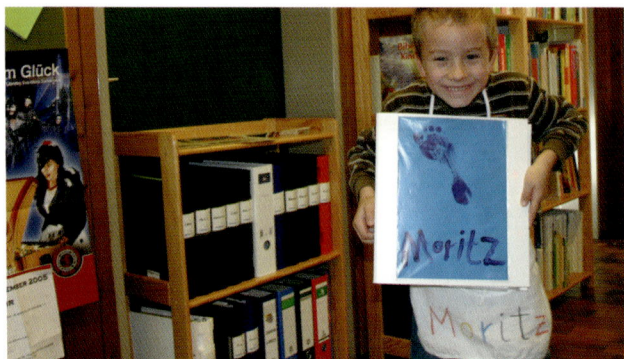

Bereits vor vier Jahren hat Anja Bergmann einen Bildungsplan mit Erziehungszielen aufgestellt, die sie den Kindern mit auf den Weg geben möchte. Demnach begegnen den Kindern im Paul-Schneider-Kindergarten schon bevor sie eingeschult werden Groß- und Kleinbuchstaben. Sie übernachten im Kindergarten, lernen, wie sie Freundschaften schließen und pflegen können, begreifen erste technische Zusammenhänge, lernen ihre Telefonnummern und Adressen, setzen Musik und Melodien in rhythmische Bewegungen um. Sie balancieren, benutzen verschiedene Küchenwerkzeuge, stricken und häkeln. »Den Kindern tut das gut. Sie sind immer wieder auf der Suche nach Situationen, in denen sie das Gelernte anwenden können. Ich war kürzlich selbst ganz baff, als eine Hose kaputtging und ein Kind meinte, es werde die Hose einfach wieder nähen.«

An dem achtzehnseitigen Bildungsplan orientieren sich nicht nur die Pädagoginnen, sondern auch die Eltern. Für jede Altersgruppe sind die Erziehungsziele und Inhalte genau formuliert, damit ihre Umsetzung von allen unterstützt werden kann. Die Ziele sind für jede Altersgruppe in gleiche Kategorien unterteilt: Sprache, Wahrnehmung und Logik, Sozialerziehung, Umwelt-, Natur- und Sachbegegnung, Kunst, Religion, Musik, Bewegungserziehung und der »Lebenspraktische Bereich«, der den Umgang von Werkzeugen, Koch- und Backzutaten, Geschirr, Kleidung, Besen, aber auch Erste Hilfe meint. Ob die Kinder mit Hilfe des Bildungsplanes wirklich dort abgeholt werden, wo sie gerade stehen, zeigen nicht etwa Prüfungen und Lernkontrollen, sondern Beobachtungen. »Das Bildungsbuch ist also die konsequente Weiterführung unseres Bildungsplanes. Mit dem Buch machen wir für die Eltern sichtbar, wie sich ihre Kinder entwickeln und schrittweise Kompetenzen erwerben.«

Es gibt einen klar strukturierten Tagesablauf, an dem sich Anja Bergmann und Patricia Baumann orientieren. »Umso kleiner die Kinder, desto wichtiger ist diese klare Struktur. Die Kinder halten sich an ihr fest.« Während alle 24 Kinder Freispiele, Stuhlkreise und die Zeit im Garten oder auf der Wiese gemeinsam verbringen, sind sie für den frühen Vormittag in vier Gruppen aufgeteilt: Je nach Alter und Entwicklung gehört ein Kind in die rote, gelbe, blaue oder grüne Gruppe. In der grünen Gruppe sind die Jüngsten ab drei, in der roten die Ältesten. Auf einer Farbtafel, die für alle sichtbar an der Wand hängt, kann jedes Kind selbst erfassen, wohin es gehört: Im Laufe der Jahre wandert sein Foto immer weiter nach oben, bis die rote Gruppe erreicht ist. So erleben die Kinder, wie sie wachsen und sich ihre Fähigkeiten und Aufgaben weiterentwickeln.

Schon früher haben die beiden Pädagoginnen mit Zeichnungen, Klebebildern und Fotos die Entwicklungsschritte der Kinder festgehalten. Dabei sind typische Sammelmappen entstanden. Außerdem gab es Erzieherinnenmappen, in denen auch heute noch Hausbesuche, Eltern- und die jährlich stattfindenden Entwicklungsgespräche dokumentiert werden. Mit dem Bildungsbuch werden jetzt zusätzlich individuelle Entwicklungsprozesse systematisch und strukturiert erfasst: und zwar mit den Kindern und nicht über ihre Köpfe hinweg. Anja Bergmann und Patricia Baumann holen sofort den Fotoapparat, wenn jemand für sein Bildungsbuch Fotos von Zeichnungen und Bauwerken haben möchte. Sie sammeln Kommentare und Texte, die ihnen die Kinder zu ihren Werken diktieren. »Das geht bis hin zu kompletten Bauanleitungen.« Die fertigen Dokumente heften die Kinder gemeinsam mit »ihren Lehrerinnen« ab: »So werden wir angesprochen, und wir finden das gut so, denn damit wird vermittelt, dass bei uns nicht nur gespielt, sondern gelernt wird.«

Neben den Kinder füllen auch die Eltern das Buch mit Fotos, Zeichnungen und Erzählungen. Zwei Tage nachdem die Kinder eine Bäckerei besucht hatten, forderte Anja Bergmann sie auf, ihren Eltern zuhause zu erzählen, was sie erlebt hatten. Die Eltern schrieben die Erinnerungen in den Worten ihrer Kinder auf. Bevor die dabei entstandenen Geschichten in den Bildungsbüchern verschwanden, hing Anja Bergmann sie für alle lesbar im Flur aus. »Die Eltern waren wirklich beeindruckt von dem, was ihre Kinder alles in der Bäckerei beobachtet hatten, und wie gut sie das erzählen konnten. Solche Bildungsgeschichten schärfen den Blick«.

Die Eltern wissen, was auf sie zukommt, bevor ihr Kind in den Kindergarten kommt. Anja Bergmann und Patricia Baumann besuchen sie zuhause, stellen ihren Bildungsplan vor und lassen sich den bisherigen Tagesablauf des Kindes beschreiben. »Wenn wir vorab wissen, was die Kinder mögen und die Erwartungen der Eltern kennen, können wir uns entsprechend darauf einrichten und allen die Eingewöhnung erleichtern.« Während das Kind sich langsam im Kindergarten einlebt, beginnt die gemeinsame Dokumentation. Den Ordner für die Beobachtungen sucht das Kind mit seinen Eltern aus. Auf die erste Seite kommt ein Foto vom ersten Tag im Kindergarten. Für den Ordnerdeckel drucken die beiden Pädagoginnen den Fuß des jeweiligen Kindes ab. Jedes Jahr malt jedes Kind ein Selbstporträt, dazu notieren die ältesten Kinder aus der roten Farbengruppe ihr Alter und ihre Schuh- und Körpergröße. Die Selbstporträts zeigen den Kindern besonders deutlich, wie sie sich verändern und weiterentwickeln.

Neben der Sammlung von Bildern, Fotos und Elternberichten wird jeden Monat eine Lerngeschichte pro Kind geschrieben. Dafür haben Anja Bergmann und Patricia Baumann die Kinder aufgeteilt: Jede von ihnen beobachtet die zwei Farbengruppen, für die sie auch sonst die Verantwortung trägt. »Zurzeit hat Patricia die rote und die blaue Gruppe und ich die gelbe und die grüne. Aber natürlich tauschen wir uns über unsere Beobachtungen auch aus und ergänzen uns gegenseitig.« Für eine Lerngeschichte beobachten die beiden zehn Minuten und folgen den Fragen auf den Standardbogen, die das DJI ausgearbeitet hat. Auf der ersten Seite wird neben dem Namen und Alter des Kindes, dem Datum, der Uhrzeit und dem Namen der Beobachterin die Ausgangssituation skizziert. In der dritten Person schreiben sie dann auf, welches Kind mit welchem spielt, was sie spielen, welche Dialoge sie dabei führen, und wie sie ihren Körper einsetzen. Auf der zweiten Seite stehen vier Lerndispositionen, die aus dem neuseeländischen Konzept von Margaret Carr übernommen und vom DJI übersetzt wurden. Die Lerndispositionen sind Leitfaden für die Analyse der Spielsituation und ermitteln das Engagement des Kindes, seine Willensstärke und Konzentration, seine Sprachkompetenz und Teamfähigkeit.

»Die Lerndispositionen sind mir noch etwas zu sperrig. Aber der Punkt: ›Was ziehen wir daraus?‹, gefällt mir wieder sehr gut.« Hier fasst Anja Bergmann die aktuellen Interessen des Kindes zusammen, die sie in der Spielsituation beobachtet hat. »Dementsprechend schaffe ich dann gezielt eine Lernumgebung mit Materialien, Projekten und Spielangeboten, die das Kind dazu inspirieren, seine Fertigkeiten selbstständig auszubauen.«

Inzwischen haben Anja Bergmann und Patricia Baumann ihre ersten Elterngespräche auf Lerngeschichten gestützt. Die Mutter von Timmy ist beeindruckt. »Sie machen sichtbar, dass mein Kind im Spiel lernt. Das war mir früher nicht bewusst.« Die beiden Erzieherinnen

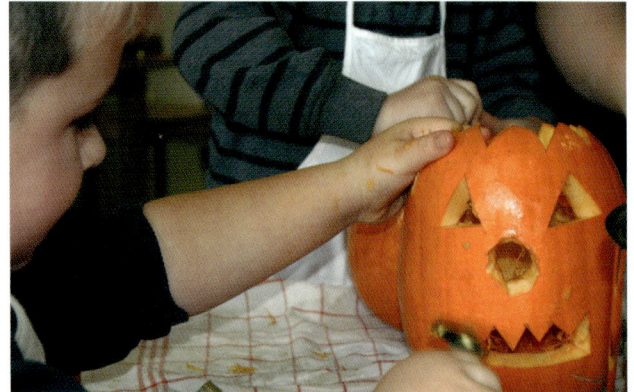

sind für sie wichtige Vertrauenspersonen geworden. »Sie haben eine eigene Beziehung zu meinem Sohn, deshalb ist mir der Informationsaustausch mit ihnen auch so wichtig.« Nicht selten werden Dialoge von Beobachtungen ausgelöst, die zunächst ganz gewöhnlich und alltäglich erscheinen. Ein Nebensatz kann reichen: Anja Bergmann hatte in einer Lerngeschichte jeden Schritt notiert. Dazu gehörte auch die für sie völlig selbstverständliche Frage eines Kindes nach einem Taschentuch. Als die Eltern die Geschichte lasen, stol-

perten sie sofort über diese Bemerkung. Völlig überrascht erklärten sie, zu Hause passiere so etwas nie, da gebe es immer Streit ums Nase putzen. Es folgte ein langes Gespräch, in dem die Eltern zum ersten Mal über ihre andauernde Angst sprachen, ihr Kind könne verhaltensauffällig sein. »Ich konnte ihnen viele Stärken aufzählen, die ich von ihrem Kind dokumentiert hatte. Genau das ist der Sinn des Buches: Wir können niemanden um hundertachtzig Grad drehen, aber unseren Umgang mit den Kindern reflektieren.«

Kürzlich forderte ein Vater Anja Bergman auf, sie solle sein Kind fit für die Schule machen. Ein Jahr habe sie Zeit. Dann werde es eingeschult. Er hatte sein Kind extra aus einem anderen Kindergarten herausgenommen und zu ihr gebracht. »Die Forderung des Vaters klingt vielleicht komisch, aber ich kann sie verstehen. Die steigende Arbeitslosigkeit erhöht den Druck. Der Schulabschluss muss stimmen. Daran denken die Eltern schon vor der Schule.« Und inzwischen auch ihre Kinder: »Wenn wir an der Schule nebenan vorbeigehen, sagen sie immer, das sei nur eine Grundschule, sie selbst würden mal auf ein Gymnasium gehen.«

Aber Anja Bergmann und Patricia Baumann ernten auch Skepsis. »Früher durfte man ja nicht einmal von einem ›Bildungsplan‹ sprechen. Sofort wurde betont, dass ausschließlich die Schule zum Lernen da ist.« Doch, so erklärt Anja Bergmann, sich Ziele setzen, sei nicht gleichbedeutend mit der Übernahme von Lehrmethoden aus der Schule. »Es sind einfach Leitschritte für uns und die Eltern. Sie beschreiben, was wir den Kindern mitgeben möchten.« Sie brauche ihre Schubladen, sagt Anja Bergmann, aber presse niemanden hinein. »Ich räume darin ständig um.«

Die Erfahrungen, die sie an einer Grundschule gesammelt hat, sind der Ausgangspunkt ihres Bildungsplanes. Nach ihrem Studium an der Fachhochschule Bielefeld machte Anja Bergmann ihr Anerkennungsjahr in einem Schulkindergarten und hospitierte nebenbei in zwei ersten Klassen. »In dieser Zeit beschwerten sich die Lehrer ständig darüber, dass sich ihre Schüler nicht auf den Unterricht konzentrieren würden, weil sie bereits damit überfordert seien, ihre Bleistifte zu spitzen und sonstiges Arbeitsmaterial bereitzuhalten. Einige hatten sogar Schwierigkeiten, sich selbst anzuziehen.« Im Paul-Schneider-Kindergarten werden die Kinder deshalb vor der Einschulung mit dem vertraut gemacht, was sie in der Schule erwartet. »Und wir haben gute Erfahrungen damit gemacht. Viele unserer ehemaligen Eltern melden uns, wie gut der Übergang in die Schule geklappt hat.« Ihr Ziel sei es, sich selbst Schritt für Schritt überflüssig zu machen, den Kindern soziale Kompetenzen zu vermitteln und ihre Selbstständigkeit zu fördern. »Bei uns übernehmen die älteren Kinder auch Verantwortung für die jüngeren: Jedem neuen Kind werden Pateneltern zugeteilt, die ihm beim Anziehen, Essen, Hände waschen oder auch Streit schlichten helfen.«

Anja Bergmann schneidet Obst, während sie erzählt, und Patricia Baumann mit den Kindern draußen ist. Leider gebe es immer etwas, das wegfallen müsse. Trotz der zehn Stunden Verfügung, die sie vom Träger bewilligt bekommen haben. »Viele Eltern wollen wissen, wie oft ihr Kind für eine Lerngeschichte beobachtet wird. Wir haben hin- und hergerechnet, aber mehr als zehn Minuten pro Monat ist nicht drin. Wir sind eben nur zu zweit.« Der Vertrag von Patricia Baumann ist zudem auf zwei Jahre befristet. »Das ist Rekord. Ihre Vorgängerinnen mussten schon nach einem Jahr wieder gehen. Inzwischen gibt es sogar eine mündliche Zusage des Trägers, dass Patricia für die Laufzeit des DJI-Projekts bleiben kann.«

Anja Bergmann und Patricia Baumann haben für die Lerngeschichten Abläufe umstrukturiert. »Es gibt zum Beispiel keine Wahl der Schwerpunktthemen mehr, während wir früher im Stuhlkreis Vorschläge gesammelt, präsentiert und darüber abgestimmt haben, was wir als nächstes machen.« Jetzt haben die Bildungsbücher Vorrang, dann kommen die alljährlichen Elterngespräche, und zum Gemeindefest hat der evangelische

Träger die Kinder eingeladen, den Gottesdienst zu gestalten.

Plötzlich stehen Lukas und Timmy vor Anja Bergmann und beschweren sich, weil Helena sie nicht in die Schaukel lässt. »Da braucht ihr wohl den Smiley.« Sie holen Leon. Er ist heute Streitschlichter. Sie sollen sich abwechseln, schlägt er knapp und deutlich vor. »Auch du Helena.« Dann dreht er sich um und geht. Jetzt überlegen die Drei, wie lange jeder in der Schaukel bleiben darf. »Eine Minute?«, fragt Timmy. »Nein, drei Minuten. Wenn der rote Zeiger auf dem Dreier ist«, fordert Helena. »Nein, das Rote ist der Sekundenzeiger. Der große Schwarze muss auf die Drei«, erklärt Lukas. Timmy stöhnt: »Das halte ich nicht aus.« Helena gibt nach: »Okay, dann eine Minute. Bis der große Zeiger auf der Zwei ist. So jetzt.« Sie springt auf. »Das ist wirklich ein gutes Beispiel für eine Lerngeschichte«, meint Anja Bergmann. »Was da alles passiert ist: Sie haben sich mit Zahlen beschäftigt, mit der Uhr und dann noch ganz alleine einen Konflikt ausgetragen.«

Da sie nicht so oft wie sie möchten zum Dokumentieren einer Beobachtung kommen, stehen sie immer wieder vor der Frage, nach welchen Kriterien sie ein Kind auswählen sollen. Ist das dran, das sie noch nicht so oft beobachtet haben? Oder sollen sie besondere Situationen einfangen, die ihnen auffallen? »Die Josephine steht da ganz verträumt und verloren im Raum. Auf so etwas müssen wir natürlich genauso achten wie auf ein Kind, das nicht zur Ruhe kommt.« Ständig wachsende Gruppen und befristete Arbeitsverträge sind für das Bildungsbuch schlechte Voraussetzungen. Die Kraft zum Weiterarbeiten geben Anja Bergmann die Kinder. »Wenn ich daran denke, wie klein und schüchtern sie oft hier ankommen, und dann laden sie uns in die Grundschule ein und spielen selbstbewusst auf der Bühne Theater. Da geht mir das Herz auf. Und das Bildungsbuch hält diese Entwicklung fest.«

Gesine Kulcke

Spielen ist Lernen

Das Bildungsbuch liegt aufgeschlagen auf dem Tisch. Kurze Notizen füllen die ersten Seiten: »Bei unserem Welpenbesuch war Ramona* zurückhaltend, aber interessiert.« Und: »Bei Kreisspielen befürchtet sie, dass sie ausgelacht wird. In Erzählrunden zeigt sie eine unglaubliche Phantasie. Leider können die anderen Kinder ihr nur selten folgen.« Ramona ist ein Kann-Kind. Im September wird sie sechs und eingeschult. Falls ihre Eltern es so wollen. Ihre Mutter ist sich noch nicht sicher. Ihre Tochter hatte es nicht leicht, sagt sie. Die Familie lebte nach ihrer Geburt bei den Großeltern, weil sie sich keine eigene Wohnung leisten konnte. Die Großeltern drängten sich in die Elternrolle. »Ramona hat mich gar nicht mehr als Mutter wahrgenommen.« Als ihr Mann in Wittlich eine Stelle fand, zog sie mit ihm und Ramona Hals über Kopf um. Sie freute sich auf das eigene Familienleben, aber für ihre Tochter brach eine Welt zusammen. Die abrupte Trennung von den Großeltern war für sie unerträglich.

Ina Hack und ihre Kolleginnen in der Kindertagesstätte Wittlich-Neuerburg erkannten schnell, dass Ramona nach Halt und Geborgenheit suchte. Sie beobachteten, wie sie unermüdlich um Aufmerksamkeit buhlte und trotzdem erst jetzt, nach einem Jahr, erste Freundschaften schließt. »Da setzen wir an«, sagt Ina Hack, die Ramonas Mutter zu einem Entwicklungsgespräch eingeladen hat. Vorab hat sie in einem Bericht genau aufgeschrieben, was Ramona im vergangenen Jahr erlebt, entdeckt und gelernt hat. Ein Orientierungsbogen mit Fragen zur Sinneserfahrung, zur sozialen, sprachlichen, emotionalen und motorischen Intelligenz hat sie dabei unterstützt: »Was sieht das Kind? Was hört das Kind? Mit welchen Kindern spielt es? Spricht das Kind in ganzen Sätzen? Wie verhält es sich beim Vorlesen oder bei Gesprächen? Zeigt es Mitgefühl und Rücksicht?« Ein weiterer Gradmesser für die Entwicklung ist in Wittlich der alljährliche Steckbrief. Dabei wird nicht nur dem Team und den Eltern, sondern dem Kind die eigene Entwicklung bewusst, da es den Bogen selbst mit Zeichnungen, ersten Zahlen und Buchstaben füllt: Es malt sich, seine Freunde, seine Familie, sein Lieblingsessen, seine Lieblingsfarbe und sein Lieblingstier. Zum Schluss setzt es seine Unterschrift unter den Steckbrief.

Familienverhältnisse könne sie nicht ändern, sagt Ina Hack. Aber Eltern mit viel Verständnis aus ihrem Schutzpanzer holen. »Wir fragen nicht, was das Kind mit drei Jahren können muss, sondern was es kann und braucht, um sich weiter zu entwickeln. Mit einem Klettverschluss kann niemand lernen, Schuhe zu binden.« Erst nach und nach vertraute Ramonas Mutter den ErzieherInnen und ihrer pädagogischen Arbeit. Ständig hatte sie Angst, ihre Tochter würde in der großen Einrichtung untergehen. Aber Ramona bewies ihr das Gegenteil, brachte immer wieder neue Ideen und neu Gelerntes mit nach Hause. »Sie hörte gar nicht mehr auf, Geschichten zu erfinden und Bilder zu malen.« Die Beobachtungen der Erzieherinnen haben auch den Blick der Mutter geschult: »Ich habe gelernt, mein Kind zu beobachten.« Sie habe Ramona früher viele Anweisungen gegeben, ihr immer wieder gesagt, was sie machen soll. »Jetzt weiß ich, dass sie ganz selbstständig Entscheidungen trifft und mir sagt, was sie möchte und was nicht.«

Fotos von Bauwerken, gerahmte Malereien und Blechdosenroboter stehen und hängen im Flur. Texte und Fotos erläutern Experimente, Gemeinschaftsarbeiten,

* Name geändert

geplante Projekte und zeigen welche Fähigkeiten mit ihnen entwickelt werden können. Dreiräder erobern immer wieder den Flur, sausen an dem Regal mit den Fotoalben vorbei. Das Sofa gleich daneben lädt zum gemeinsamen Lesen ein. »Die Tagesstätte ist ein Ort der Begegnung und Kommunikation geworden, an dem die Kinder selbsttätig Erfahrungen sammeln. Egal ob sie zweieinhalb oder acht sind.« Anders könne sie sich die Arbeit gar nicht mehr vorstellen, sagt Erni Schaaf-Peitz. Sie und ihre KollegInnen betreuen fünfunddreißig der hundert Kinder ganztags. »Die kann ich nicht einfach in einem Raum abstellen.«

Erni Schaaf-Peitz hat Ende der siebziger Jahre die Leitung der Kindertagesstätte übernommen und nach und nach mit ihrem Team, den Kindern und Eltern die Arbeit immer offener gestaltet. Seitdem die Gruppenräume aufgelöst sind, bestimmen die Kinder, in welchen Räumen sie sich aufhalten. Ein bebilderter Wochenplan zeigt die aktuellen Projekte, die das Team auch im Morgenkreis vorstellt und die Kinder entsprechend ihrer Interessen auswählen. Immer im Angebot sind das Teestübchen, die Vorlesestunde, der Waldtag, Kreis- und Bewegungsspiele. Pflichtprogramm sind nur der Singkreis am Mittwoch und die Projektarbeiten in den einzelnen Interessengruppen.

Jedes Kind trifft jeden Tag neue Entscheidungen: ob es in der Bibliothek Geschichten lauscht, im Werkraum Holz sägt, schmirgelt, verschraubt oder im Konstruktionsraum Fallkräfte im Brückenbau überwindet. Diese Entscheidungsprozesse halten die Wittlicher für das Bildungsbuch in sogenannten Tagesabläufen fest. Dabei notieren sie in einer Tabelle ungefähr alle fünfzehn bis dreißig Minuten, in welchem Raum ein Kind spielt: was, mit wem und wie. Schon im Morgenkreis fragen die Erzieherinnen, ob sie einen Tagesablauf schreiben dürfen: »Auf hundert Anfragen kommt etwa eine Ablehnung. Die Kinder mögen die Aufmerksamkeit.« Ina Hack hat noch keine Situation erlebt, in der ein Kind sein Verhalten geändert hat, weil es beobachtet wurde. »Ich frage, ob ich zuschauen darf, bekomme eine kurze Antwort, und sofort sind die Kinder wieder in ihrem Spiel vertieft.« Auch der Fotoapparat, der seit dreißig Jahren zur Standardausrüstung gehört, irritiert sie nicht.

In Karteikästen sammelt das Team zufällige und teilnehmende Beobachtungen, und neben den Tagesabläufen halten zusätzlich Tagebücher fest, was die Kinder in den einzelnen Räumen entdecken, womit und mit wem sie sich beschäftigen, aber ohne auf Details einzugehen: »Marie K., Laura D. und Lucas L. bauen eine große Ritterburg aus Dosen. Beschäftigungsdauer: eine Stunde.« Und einen Tag später: »Marie K, Laura D. Lucas L. bauen eine halbe Stunde an der Ritterburg vom Vortag weiter.« Eine entscheidende Grundlage für Elterngespräche, die immer genau protokolliert werden, ist das Soziogramm. Anders als beim Tagesablauf sucht die Erzieherin dafür nicht das Kind auf, das sie gerade beobachtet, sondern fragt bei ihren KollegInnen nach, wie oft sie das Kind in den vergangenen Wochen in ihren Räumen beobachtet haben, und was es dort gemacht hat. Immer zwei Erzieherinnen führen die Dokumentation von 25 Kindern. »Aber natürlich beobachten sie nebenbei auch alle anderen Kinder.« Dabei gehe es um kurze Notizen, erklärt Ina Hack, die jede Erzieherin tagtäglich in ihrem Raum sammle, wie: »5. Juli 2004. Handdruck: Evelin möchte sofort mitmachen, kennt die Farben, hat viel Freude beim Anmalen der Finger, lässt sich dabei viel Zeit, arbeitet sehr konzentriert.«

Neue Methoden werden auf die Einrichtung abgestimmt. Auch die Lerngeschichte vom DJI, von der zurzeit jede Erzieherin eine pro Woche schreibt. Dabei entscheidet jeder für sich, ob er fünf oder, wie das DJI empfiehlt, eher zehn Minuten beobachtet. Das Material, das Ina Hack in fünf Minuten sammelt, reicht oft schon völlig aus. Schließlich beschreibt sie in einer Handlungssequenz alles: den Raum, das Sozialverhalten, das Gruppengefüge. Ina Hack notiert jede Gestik und jeden Satz, den die Kinder sprechen. »Ich begebe mich mitten in die Spielsituation.« Oft fragen die Kinder, was sie aufgeschrieben hat. »Beim Vorlesen spüre ich besonders deutlich, wie wichtig es für sie ist, dass ihre Beschäftigung ernst genommen wird. Wenn ich etwas falsch beschrieben habe, korrigieren sie mich sofort.«

Das Team notiert seine Beobachtungen auf den DJI-Bögen, wertet aber die Dokumentation noch nicht mit Hilfe der vorgegebenen Lerndispositionen aus. Dafür seien weitere Fortbildungen ein absolutes Muss, meint Ina Hack, wobei nicht jede Art der Fortbildung für jedes Thema geeignet sei: »Geht nur eine Person ins Seminar und vermittelt anschließend allen anderen, was sie erfahren hat, braucht sie unheimlich viel Energie, um mit ihren neuen Ideen zu überzeugen.« Eine Kindertagesstätte sollte für grundsätzliche Themen, wie die Beobachtung, unbedingt Referenten einladen. »So funktioniert auch unsere Zusammenarbeit mit dem DJI.«

Die Lerngeschichten werden in Wittlich auch Spielgeschichten genannt – »denn Kinder lernen im Spiel«, sagt Erni Schaaf-Peitz. Spielen selbst wird als Lernen begriffen und das Materialangebot entsprechend auf die Interessen der Kinder abgestimmt. Was gebraucht wird, ermitteln Ina Hack und ihre KollegInnen mit der Analyse ihrer Beobachtungen. So sind in der Konstruk-

tionsbaustelle neben genormten Bauklötzen auch Baumstammscheiben, Korken und große Blechdosen im Angebot. Ständig im Wandel ist die Bewegungsbaustelle mit Klettergerüst, Hängematte, Rutsche, Bänken, Podesten und Turnmatten, und in der Werkstatt stehen in den Regalen Gläser, die immer wieder neu gefüllt werden: mal mit Holzspänen, getrockneten Blättern, Wollfäden oder Watte, dann wieder mit duftenden Gewürzblättern oder Farbpulver. In der Klamottenkiste verkleiden sich Kinder als Dinosaurier, Ritter oder Feuerwehrfrauen. Je nachdem, was Flohmärkte und Dachböden an Kostümen hergeben. Im Traumraum verwandeln sich Spielzelt, Hängesessel, Decken und Tücher in Verstecke und Kuschelecken. »Wir gestalten die Umgebung so, dass sie zum selbsttätigen Spiel auffordert. Wenn sie keine Herausforderung mehr darstellt, verändern wir sie.« Dreizehn Frauen und ein Mann gehören zum Team. Jeweils zwei sind für einen Funktionsraum verantwortlich. Kinder aller Altersgruppen bespielen die großen und kleinen Spielflächen nicht selten mehrere Tage hintereinander.

Vor der Tür haben Team und Eltern mit dem Umweltpädagogen Dr. Richard Wagner Matschgruben, Kletterbäume, ein Haus und einen Backofen aus Lehm, einen Irrgarten, eine Feuerstelle, Weidentipis, eine Sandgrube und eine Wasserstelle gebaut. Genau wie die Innenräume, entwickelt sich das Außengelände ständig weiter. Konkrete Angaben und Anregungen für diese Weiterentwicklung bekommen die ErzieherInnen oft aus Interviews, die sie mit den Kindern machen. Diese Methode erarbeitete eine Doktorandin, die in Wittlich hospitierte. »Sie hat mit uns ein kleines Studio aufgebaut, mit Mikrophon und Aufnahmegerät. Das hat die Kinder sehr fasziniert.« Inzwischen sind aber nur noch der standardisierte Fragebogen und ein Stift im Einsatz. Die

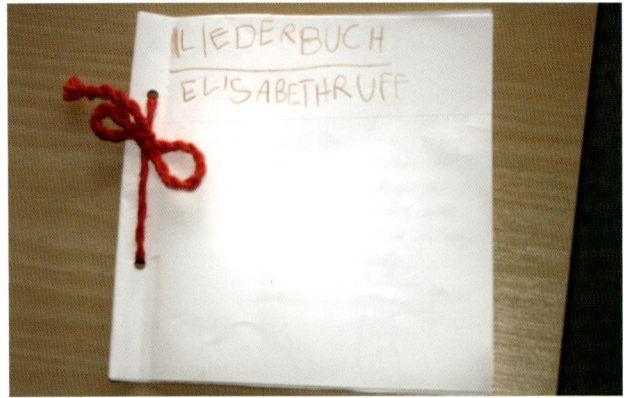

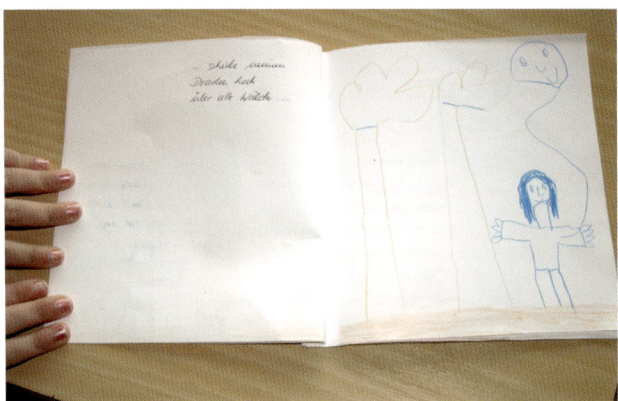

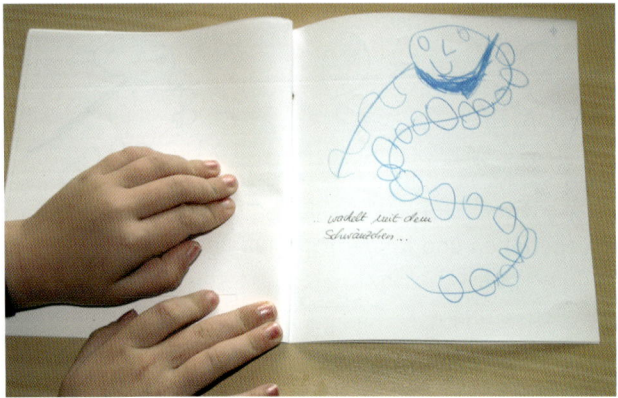

Interviewthemen heißen: »Freunde und Familie«, »Das bin ich«, »Gefühle und Phantasien«. Die Interviews werden den Kindern angeboten. Nicht jede Methode ist für jedes Kind geeignet. »Lassen sie sich darauf ein, sind wir ihnen oft ganz nah,« erzählt Ina Hack. Es entwickeln sich Gespräche über Themen, die im Alltag untergehen. Ramona liebt Interviews und hat Ina Hack in ihrem vergangenen erzählt, dass sie unbedingt mehr über Planeten wissen möchte. Die Planungen für ein Projekt zum Thema Weltraum laufen. »Ramona wird das Thema

mit vorbereiten und so Spielsituationen anleiten können. Das stärkt ihr Selbstvertrauen.«

In den Interviews wird viel über die Ferien gesprochen, über Erlebnisse in der Familie, über Zeiten und Orte, die ErzieherInnen und Kinder nicht miteinander teilen. »Das heißt aber nicht, dass wir sie ausfragen oder versuchen, Familiengeheimnisse zu lüften.« Die Fragen sind so offen formuliert, dass jedes Kind frei berichten kann, was es sieht, denkt und fühlt: »Was hast du zuletzt gelernt?«, lautet eine Frage, eine andere: »Hast du schon einmal jemandem etwas beigebracht?« Die Kinder werden immer wieder gefragt, was sie als nächstes lernen möchten, »eine entscheidende Information, die wir mit den Eltern teilen, damit wir gemeinsam die Wünsche verwirklichen können.« Die einen wollen Fahrrad fahren, die anderen Rollschuh laufen und wieder andere schwimmen.

Ist ein solcher Wunsch erfüllt, wird auch das notiert. In einem Heft, das die Kinder selbst »Könnerheft« getauft haben, halten sie ihre Erlebnisse und Fähigkeiten fest. Sie diktieren den Erzieherinnen oder auch ihren Eltern, was ihnen wichtig ist. Die Erzieherin trägt das, was ihr erzählt wird, nicht direkt in das Buch ein, sondern schreibt auf lose Zettel, die dann das Kind einklebt. Es bestimmt die komplette Gestaltung und den Inhalt seines Heftes alleine. Es zeichnet und malt darin, nimmt es mit nach Hause, zeigt es Freunden, Eltern und Großeltern. Die Kinder notieren nicht nur große Etappenziele, wie die erste Fahrt mit dem Fahrrad, sondern auch alltägliche Erfolge, auf die sie stolz sind: »Ich habe ganz alleine den Traumraum geputzt«, schreibt Evelin, und: »Ich habe der Agnes in der Küche geholfen, Kartoffeln zu schälen und Wirsing zu schneiden. Meine Freundin Monika war auch dabei.«

Wie anderenorts auch, war in Wittlich das Bastelwerk zum Osterfest, Muttertag und Weihnachtsfest Programm. Noch heute wird es nicht selten vermisst. »Obwohl wir mit der Beobachtung viel näher am Kind sind. Denn sie ist nicht standardisiert wie die Bastelarbeit, sondern individuell.« Erni Schaaf-Peitz will, dass die Eltern wissen, dass es ihren Kindern gut geht, »sonst ist eine Zusammenarbeit unmöglich. Schließlich ist die Kindertagesstätte die erste öffentliche Einrichtung, der sie ihr

Kind anvertrauen.« Die Eltern sind in den ersten Tagen dabei. Einige brauchen Wochen, bis sie sich von ihren Kindern trennen können. »Diese Zeit ist sehr wichtig, denn wenn die Eltern am Kita-Alltag teilnehmen, können wir ihnen anhand unserer Beobachtungen zeigen, wie wir die Kinder in ihrer Entwicklung begleiten. Wer nur einen kurzen Blick auf unsere Arbeit wirft, wird unser offenes Konzept nicht begreifen.«

Viele Eltern überdenken mit der Zeit Einstellungen zu ihrem eigenen Kind. So erklärte Sinas Mutter in einem ersten Gespräch mit Ina Hack, ihre Tochter sei aggressiv. Sobald sie andere Kinder sehe, breche sie in Geschrei aus, manchmal schlage sie sogar zu. »Sie erzählte, dass Sina überall als aggressiv bezeichnet wurde: in der Krabbelgruppe, beim Kinderarzt und auf dem Spielplatz. Unsere Beobachtungen zeigten aber, dass Sina nie jemanden verletzen wollte, sondern nur Kontakt suchte.« Da ihr die Worte fehlten, um Wünsche zu artikulieren, fing sie einfach an zu schreien.

Schon seit Jahren sitzt Erni Schaaf-Peitz für die Kindertagesstätte in den verschiedensten Gremien. Die systematisch dokumentierte Beobachtung hat die Interessenvertretung erleichtert. »Wir müssen in den Ausschüssen dafür sorgen, dass unsere Themen auf der Tagesordnung stehen.« Die Kindertagesstätte hat seit zehn Jahren ein selbstverwaltetes Budget. Die Budgetierung war ein entscheidender Durchbruch. »So können wir zeitnah, ohne bürokratische Hürden und entsprechend unserer aktuellen Arbeitsschwerpunkte Material beschaffen.« Doch der marode Bau der Kindertagesstätte mache ihr immer wieder einen Strich durch die Rechnung. Anfang des Jahres mussten 15.000 Euro in das Heizungssystem investiert werden. »Umso wichtiger ist es, dass wir die Bedürfnisse der Kinder formulieren und entsprechende Mittel bei der Stadtverwaltung einfordern.« Basare und Einnahmenfeste lehnt Erni Schaaf-Peitz ab. »Die Eltern sind keine Melkmaschinen, sondern unsere Partner.«

Dreißig Jahre arbeitet sie in ihrem Beruf. Schon oft hat sie überlegt, etwas anderes zu machen. »Aber wirklich aufhören kann ich gar nicht, weil alles so spannend ist.« Die Entwicklungsschritte seien klein. Aber es passiere etwas. Wie die Einführung des Bildungsbuchs und der Lerngeschichten. »Das DJI hat uns eine neue Methode vorgestellt und gibt uns außerdem die wissenschaftliche Rückendeckung für unsere bisherige Dokumentation.« Ein Großteil des Teams habe in der Ausbildung zwar

Beobachten gelernt, aber mit einem negativen Vorzeichen. »Bei der Beobachtung, die wir meinen, geht es gewiss um kein ›altes Handwerkszeug‹, wie es in der Bildungsempfehlung von Rheinland-Pfalz genannt wird.« Früher gab es eine Bastelmappe, jetzt gibt es das Bildungsbuch. Bevor die Kinder die Kindertagesstätte verlassen und in die Schule gehen, wird es für sie gebunden. Denn das Buch gehört ihnen. Es soll die pädagogische Arbeit transparent machen, aber dabei immer das Recht der Kinder respektieren: Sie bestimmen, wann und wer in ihm nachlesen darf, was sie fühlen, denken und machen.

Gesine Kulcke

Zettel und Stift liegen überall parat

Schon 2001 befürchtete der Stadtbaudirektor, Gotha werde in sechzig Jahren leer sein. Seit der Wende haben jedes Jahr Hunderte von Menschen die Stadt verlassen. Den ersten Plattenbauten droht der Abbruch. Doris Tüngerthal aber fürchtet die Abrissbirne nicht. Im Gegenteil: die Leiterin des Reggio-Kinderhauses wird demnächst 168 statt 150 Kinder betreuen. »Unsere Pädagogik überzeugt. Wir haben keine Nachwuchssorgen.« Das Kinderhaus belebe das gesamte, umliegende Wohngebiet. »Wir arbeiten mit allen zusammen, mit dem Seniorentreff, dem Jugendclub, der Grundschule und dem Gymnasium. Wir feiern, machen Ausflüge und gemeinsame Projekttage.«

Die Leitung einer Kindertagesstätte kam für Doris Tüngerthal zu DDR-Zeiten nicht in Frage. Doch als nach der Wende neue Konzepte gefragt waren, gestaltete sie mit. »Ich wollte nicht, dass alles verloren geht, was wir hatten und trotzdem neue Freiheiten schaffen.« Jede Minute in ihrer Einrichtung war verplant: Nach dem Essen kam das Saubermachen, dann ›Liegen‹ und vor dem Tee der Toilettengang. Jedes Kind konnte den gleichen Baum malen. »Aber ich wollte, dass sie anfangen den Baum zu malen, den sie sehen.« Sie hat dieses Ziel mit der Reggio-Pädagogik und dem Bildungsbuch umgesetzt, das sie in der GEW-Landesarbeitsgruppe Thüringen kennen lernte. Beides unterstützt die Vermittlung von Inhalten, die auf die Bedürfnisse, Fragen und Ideen der Kinder abgestimmt sind.

Die Ausstellung »Zur Geschichte des Kindergartens in der DDR«, die das Deutsche Hygiene-Museum 1997 in Dresden zeigte, entsetzte viele Besucher mit längst verdrängten Erinnerungen an starre Regelwerke, kahle Funktionsräume und so scharf kalkulierten Zeitplänen, dass Erziehung wie am Fließband funktionierte. Aber Doris Tüngerthal konnte und wollte auch nicht einfach pädagogische Konzepte aus dem Westen übernehmen. »Mit den standardisierten Bastelanleitungen der immer noch weitverbreiteten Angebotspädagogik werden Kinder nicht individuell gefördert.«

Erzieherinnen waren im Osten anerkannte pädagogische Fachkräfte. Aber mit der Wende war die Kinderbetreuung plötzlich nur noch eine einfache Dienstleistung: nicht für Kinder, sondern für Eltern, die ihr Kind unterbringen mussten, um arbeiten zu können. Viele Kolleginnen von Doris Tüngerthal haben in dieser Zeit Zugeständnisse gemacht, die ihnen widerstrebten. Aus Angst um ihre Arbeitsplätze. »Das Ansehen des Berufes hat sehr gelitten. Wie im Westen nahm man uns immer mehr als Spiel- und Basteltanten statt Pädagoginnen wahr.« Doch mit PISA kommt die Frage zurück, wer was wie und warum macht.

Möbelfurnier erinnert an spartanische Zeiten. Aber die alten Schränke, Stühle und Tische sind keine Altlasten, sondern erzählen Geschichten: »Auf den Stühlen haben schon die Eltern unserer Kinder gesessen. Es ist nicht so, dass wir uns nichts Neues leisten können. Wir schätzen die Vielfalt und wollen die Vergangenheit nicht verdrängen.« Unantastbar sind die Möbel deshalb nicht. Die ehemaligen Etagenbetten stehen schon lange nicht mehr in Reih und Glied in Schlafsälen, sondern segeln mit Ruder, Anker und Festmacher durch die offenen Gruppenräume. »Die Kinder haben sie in Schiffe verwandelt. Manchmal regen schon so einfache Sachen wie ein Schlauch oder ein Schuh ihre Fantasie an.«

Doris Tüngerthal holt einen dicken Ordner mit Fotos und zeigt auf die Bilder, die wochenlange Experimente mit einem Gartenschlauch dokumentieren: Mal war er Elefantenrüssel, dann Zapfsäule einer Autobahntankstelle, Uhrpendel, Stromkabel, dann wieder Elefantenrüssel und schließlich Festmacher für eines der Schiffe. »Materialien, die sich bearbeiten lassen, wie Klorollen,

Stoffe oder Holz, sind am besten, viel anregender als fertiges Spielzeug.« Doris Tüngerthal kommt richtig in Fahrt. »Die Motorik der Kinder schulen wir mit Podesten. Außerdem ermöglichen sie unterschiedliche Perspektiven. Wir haben zwei große Ateliers, einen Schulclub, nachmittags Englischunterricht, und eine Theatergruppe.«

Als vor drei Jahren von Tietze und Viernickel das Buch »Ein nationaler Kriterienkatalog« erschien, studierte Doris Tüngerthal es sofort durch. Während die Begleitung der individuellen Bildungsprozesse in ihrem Reggio-Kinderhaus den Leitgedanken der Qualitätsinitiative schon ziemlich genau entsprach, erkannte sie deutliche Mängel in der Beobachtung und Dokumentation. Sie werden im Kriterienkatalog als gezielte und absichtsvolle Tätigkeit beschrieben. »Zu einer systematischen Planung gehört die angemessene Dokumentation eigener Beobachtungen bestimmter Aspekte der pädagogischen Arbeit und von Informationen über die einzelnen Kinder bzw. die gesamte Gruppe. Inhalt, Umfang und Form von Dokumentationen sollten so gewählt sein, dass sie die pädagogische Arbeit unterstützen und nicht in Konkurrenz zu ihr stehen« (Pädagogische Qualität in Tageseinrichtungen für Kinder, S. 33).

Dem Gothaer Team waren weder Beobachtung noch Dokumentation fremd. Stapelweise Ordner und Mappen hüten noch heute Erlebnisberichte aus den vergangenen Jahren. Doch sie konzentrierten sich auf die Gruppe und waren eher zufällig. Sie hielten die individuelle Entwicklung der 150 Kinder nicht kontinuierlich und systematisch fest. Ein Ordner für jedes Kind musste also her. Wie ein solcher aussehen und angelegt sein könnte, erarbeitete Doris Tüngerthal mit der GEW-Referentin für Sozialpädagogik, Dr. Michaela Rißmann und zwölf ihrer einundzwanzig Fachkräfte. Freiwillig, wie Doris Tüngerthal betont, konnten sich die Erzieherinnen

an dem Projekt beteiligen und ein Jahr verschiedene Beobachtungsmethoden recherchieren.

Alle vier bis sechs Wochen moderierte Dr. Michaela Rißmann eine einstündige Gesprächsrunde, in der sie Erfahrungen austauschten und Etappenziele definierten. Für die Testphase suchte sich jede der zwölf Erzieherinnen ein Kind aus, wobei das ausgesuchte Kind regelmäßig im Kontakt mit der Erzieherin stehen und das Einverständnis der Eltern vorliegen musste. Andere Auswahlkriterien legte die Arbeitsgemeinschaft vorerst nicht fest. Ausgerüstet mit Notizbüchern, Fotoapparaten, Diktiergeräten und Ordnern erprobten die Erzieherinnen unter anderem das Tätigkeitsprofil von Mayr und Ulrich und die Bildungsgeschichte nach Burtscher. Mit ihren Ergebnissen machten sie Hausbesuche und starteten eine qualitative Elternbefragung. »Das hat vielen aus unserem Team imponiert. Es hat das Verhältnis zu den Eltern erheblich verbessert.« Mehrheitlich überzeugt hat schließlich die Lerngeschichte, die das Deutsche Jugendinstitut (DJI) empfahl.

Der von der Neuseeländerin Margaret Carr entwickelte Fragebogen leitet die Beobachtung an, die in Ausschnitten festhält, womit sich ein Kind im Alltag beschäftigt und welche Bildungsprozesse dabei ablaufen. Doch wie eine solche Lerngeschichte formuliert werden kann, klärte sich für die Gothaer erst, nachdem Doris Tüngerthal und Dr. Michaela Rißmann für eine Woche verschiedene Reggiohäuser in Stockholm besucht hatten: »Wir mussten unsere Angst vor zu hohen wissenschaftlichen Ansprüchen abbauen. Stockholm zeigte uns zum Glück, dass für die Beobachtung eine einfache Sprache ausreicht, die möglichst detailliert beschreibt, was das Kind macht.«

Sie fingen mit fünfminütigen Beobachtungen an, um erst einmal das Schreiben als solches zu trainieren. Sie erzählten die beobachtete Spielsituation aus der Ich-

Perspektive des Kindes, um die eigene Bewertung zurückzunehmen. »Für uns war es wichtig das Lehrerhafte, diese tief verwurzelte Haltung aus ehemaligen DDR-Zeiten, zu überwinden.« Die Geschichten sollten weder bevormunden, noch von oben herab klingen. »Deshalb werden sie auch nicht in Fachbegriffen erzählt, sondern für alle verständlich, auch für die Kinder.« Die Stadt zahlte eine zweitägige Fortbildung, konnte aber als Träger von insgesamt neun Kindertagesstätten nicht mehr finanzieren. Doris Tüngerthal ließ sich davon nicht beirren und führte die Entwicklung mit Hilfe der GEW weiter.

Das komplette Team wollte das Bildungsbuch. Aber die Vorstellung, alle 150 Kinder kontinuierlich zu beobachten und diese Beobachtungen in Lerngeschichten auch zu dokumentieren, schürte bei vielen die Angst, ihre pädagogischen Angebote kürzen zu müssen. Schließlich beschlossen allein die Krippenerzieherin Bärbel Walther und die Erzieherin Martina Zenker, in ihrer Gruppe mit dem Bildungsbuch zu arbeiten. »Wir waren beide neugierig«, sagt Bärbel Walther, »und hundertprozentig überzeugt von der Methode. Ich glaube, das ist wichtig.« Über Mehrarbeit hat Bärbel Walther gar nicht weiter nachgedacht, obwohl sie zukünftig achtzehn statt wie bisher ein Kind beobachten sollte. »Ich war ja nicht alleine. Meine Partnerin war genauso begeistert wie ich, und Frau Tüngerthal hat uns unglaublich motiviert. An der Chefin hängt viel.«

Die Test- und Diskussionsergebnisse der Projektgruppe definierten für Bärbel Walther und Martina Zenker Inhalt und Form der Bildungsbücher. Sie sollten:
- für das Kind verständlich geschrieben werden,
- Stärken und Ressourcen des Kindes betonen,
- aktiv von den Kindern und Eltern mitgestaltet werden,
- Grundlage für die Arbeit mit dem Kind sein,
- Grundlage für Entwicklungs- und Elterngespräche sein,

- für Kinder, Eltern, aber auch zukünftige Grundschullehrerinnen zugänglich sein,
- den Kindern am Ende ihrer Kita-Zeit überreicht werden.

Da Bärbel Walther und Martina Zenker in ihren Lerngeschichten Spielsituationen so genau wie möglich wiedergeben wollten, setzten sie anfangs Diktiergeräte ein. Doch die Aufnahmen waren zu schlecht. Es gab zu viele Nebengeräusche. »So blieb uns nichts anderes übrig, als auf Blatt und Stift zurückzugreifen. Und den Fotoapparat natürlich.« Obwohl Bärbel Walther schon immer in ihrer Gruppe fotografiert und sie in der Arbeitsgemeinschaft alle Kriterien für das Bildungsbuch miterarbeitet hatte, fiel ihr die Entscheidung nicht leicht, was sie fotografieren und entsprechend schriftlich festhalten sollte. »Wir wollten ja das Bildungsinteresse ergründen. Nur was verrät mir dieses Interesse? Der Zufall? Das Spiel oder die besondere Situation? Alles zusammen?« Sie einigte sich mit ihrer Kollegin auf einen Beobachtungstag, den sie auch den Kindern bekannt gab, um sich nicht in einer Fülle an Fragen und Details zu verlieren.

Jeden Donnerstag notiert nun immer im Wechsel eine der beiden Erzieherinnen mehrere Lerngeschichten. »Wir haben uns auf diesen Tag geeinigt, weil unsere Vorpraktikantin dann im Haus ist, und wir dadurch mehr Kapazitäten haben.« An den anderen Tagen beschränkt sich die Beobachtung auf die Sammlung kurzer Notizen. »Zettel und Stift liegen überall parat.« Im Zentrum der Bildungsbücher stehen die Lerngeschichten, aber auch Beiträge von Eltern und ausführliche Fotodokumentationen von den »Kunstwerken« der Kinder. »So zeigen wir ihnen, dass wir sie, ihre Ideen und Spiele ernst nehmen. Das Spiel ist zentral, denn im Spiel kann ich erkennen, wie Gelerntes umgesetzt wird.«

Die Erzieherinnen müssen nicht nur beobachten, sondern das Beobachtete auswerten, um das Gelernte zu erfassen. »Das machen wir ebenfalls donnerstags, nach Ende der Betreuungszeit«, erklärt Barbara Walther, die, gestärkt durch das allseitige Interesse am Bildungsbuch, den Aufwand nicht scheut. Nicht nur die Teamkollegen informieren sich regelmäßig bei ihr, auch die Eltern wollen wissen, was läuft. »Was mich nicht wundert, denn zum ersten Mal erkennen sie eindeutig, dass es um ihr Kind geht. Unsere Wertschätzung ist mit den Bildungsbüchern sichtbar geworden, sie betonen die Persönlichkeiten der Kinder.«

Die Notizen und Lerngeschichten, die sie und ihre Kollegin handschriftlich einmal wöchentlich notieren, bearbeitet eine ABM-Kraft in einem neu eingerichteten Büro. Sie tippt die Beobachtungen in den Computer und layoutet die Bildungsbücher. »Dreimal mussten wir eine ABM-Kraft beantragen, bevor es geklappt hat. Es ist einfach schwer fassbar für Außenstehende, wozu man in einer Kindertagesstätte eine Schreibkraft braucht.«

Auch Eltern aus den anderen sieben Gruppen des Kinderhauses wünschen sich inzwischen ein Bildungsbuch für ihr Kind. Aber Doris Tüngerthal will ihr Team nicht überreden oder gar bedrängen. Die Erzieherinnen sollen selbst bestimmen, wann sie das Bildungsbuch in ihren Gruppen einführen. »Ich denke, der Prozess ist jetzt nach drei Jahren zu einem Drittel abgeschlossen.« Das klingt ernüchternd, aber Bärbel Walther und Martina Zenker steuern dagegen an. Sie fühlen sich nicht mehr zusätzlich belastet, sondern sogar entlastet. So sind sie bei Elternabenden in der Lage, ganz individuell auf Fragen einzugehen. Natürlich habe man auch früher die Kinder im Blick gehabt, sagt Barbara Walther. Doch mit der individuellen Beobachtung bemerke sie nicht nur Besonderheiten. »Viele Prozesse sind für mich erst nachvollziehbar geworden, seit wir alles sammeln, und ich nachlesen kann, was wir bei einem Kind schon beobachtet haben.«

Die Angst, Kinder zu übersehen oder falsch einzuschätzen, nimmt ab: »Wenn ich zufällig beobachte, kann es sein, dass ich ein Kind immer nur dann sehe, wenn es gerade lustlos am Rande steht, obwohl es zwischendurch sehr aktiv ist. Das passiert mir nicht, wenn ich meine Beobachtung systematisch plane.« Sie braucht auch keine Bastelarbeiten mehr, um eine sinnvolle Beschäftigung mit den Kindern nachzuweisen. »Das macht alles das Bildungsbuch.«

Die Ausbildung des Personals bestimmt das Tempo der Reformen. So ist es beim Bildungsbuch, und so war es nach der Wende, als Doris Tüngerthal die Reggio-Pädagogik einführen wollte: »Meine Argumente haben anfangs weder die Mitarbeiterinnen noch Eltern überzeugt. Erst als die erste Gruppe eingearbeitet war, konnte ich die anderen Kolleginnen beeindrucken. Sie hechelten starren Plänen nach und waren total durchgeschwitzt, während die Reggio-Gruppe immer entspannter und freier arbeitete.« Nach wie vor ist nicht alles Reggio im Gothaer Kinderhaus. Die Erziehungsstile variieren, so manches hört sich nach alter Schule an.

Mittwochmorgen. Die Vorschulkinder Louisa, Jessica, Julian und Marvin haben 45 Minuten auf kleinen Schulbänken verbracht und ihr logisches Denken trainiert. »Alle Schulclubkinder räumen jetzt auf. Ja jetzt schon, ihr sollt noch richtig aufräumen und dann was trinken. Seid ihr schon fertig? Dann darfst du mal die Teekanne holen.« Doris Tüngerthal steht zu dem Schulclub, »schließlich erleben die Kinder später jeden Tag so. Wir geben ihnen Aufgaben, und sie müssen sich melden, wenn sie etwas sagen möchten. Es ist uns wichtig, dass sie diese Erfahrung machen, bevor sie in die Schule kommen.«

Doris Tüngerthal wünscht sich mehr Fortbildungsmöglichkeiten, um Qualitätsunterschiede im Team abbauen zu können. »Einige Erzieherinnen arbeiten bei uns noch sehr frontal, während andere verschiedene Stile durchmischen. Wir brauchen einfach Geduld. Die meisten Teammitglieder sind um die fünfzig.« Sie bringen viel Erfahrung mit und stellen sich nicht sofort auf jede neue Methode ein. Aber auch jüngere Erzieherinnen, die im Kinderhaus anfangen, entsprechen nicht immer den Vorstellungen von Doris Tüngerthal. »Die Praxis ist gut, aber oft fehlen ihnen die Worte, um ihr Handeln zu erklären.« Während in der ehemaligen DDR die Fachschulen für Kindergärtnerinnen nur ausgesuchte SchülerInnen aufnahmen, und die Frühpädagogik für Drei- bis Sechsjährige dem Bildungsbereich angeschlossen war, werden heute ErzieherInnen in Thüringen an der Berufsschule ausgebildet. »Dort bekommen sie zu wenig Tiefe in der Ausbildung. Die gucken in Krippe, Hort und Heim. Sie werden Generalisten statt Spezialisten, während wir früher für jede Altersgruppe eine eigene Ausbildung hatten.«

Die GEW-Referentin Dr. Michaela Rißmann hat im vergangenen Jahr beim DJI eine Multiplikatorenausbildung besucht, um die weitere Entwicklung der Lerngeschichten und somit die Entwicklung des Bildungsbuches unterstützen zu können. Ihre dort gewonnenen Kenntnisse gibt sie an das Kinderhaus weiter. Am stärksten motivieren Bärbel Walther jedoch eigene Entdeckungen, die sie mit dem Bildungsbuch macht. »Ich führe total spannende Gespräche mit den Kindern. Die gab es so früher nicht. Die Beobachtung ersetzt Bereiche, in denen wir die Kinder damals ›mehr geführt‹ haben.« Sie spüren, dass sie wahrgenommen werden, auch wenn sie in einer Spielsituation nicht immer im Vordergrund stehen. Sie haben etwas, das zwar die Erzieherinnen aufge-schrieben haben, aber ihnen gehört. »Sie können ihre Erlebnisse immer wieder vorholen.«

Auch die Eltern seien offener geworden, sagt Bärbel Walther. In den Bildungsbüchern entdecken sie, mit wem ihr Kind Kontakt aufgenommen hat und bemühen sich selbstständig darum, die Freundschaften über die Einrichtung hinaus zu fördern. Sie fühlen sich konkreter angesprochen, denn die Lerngeschichten zeigen auch die Interessen, die sie selbst bei ihren Kindern geprägt haben. »Nachdem wir eine Folge von Spielsituationen notiert hatten, entdeckten wir bei einem Kind ein absolutes Faible für die Landwirtschaft. Als wir die Eltern darauf ansprachen, luden sie die komplette Gruppe sofort auf ihren Hof ein.«

Gemeinsame Entdeckungsreisen werden ebenfalls dokumentiert, wie der vergangene Besuch im Krankenhaus. »Ich dachte, die Kinder sehen, was ich sehe« sagte Doris Tüngerthal. Die Bilder, die von den Kindern im Anschluss gemalt wurden, zeigen aber, dass sie sich für Details interessierten, auf die Doris Tüngerthal selbst gar nicht geachtet hat: Auf der Geburtenstation waren sie nicht nur vom Ultraschallgerät fasziniert, sondern auch von der Struktur der Glaswände, der Funktion des Fahrstuhls und dem Muster des Fußbodens. Warum sich welches Kind für das eine oder andere Detail interessiere, sei schwer zu sagen. »Vielleicht hat das Kind, das den Fußboden studierte, einen besonderen Blick für geometrische Figuren.« Ein langfristig und routiniert geführtes Bildungsbuch, werde sicher mehr Auskunft geben können. »Aber dafür brauchen wir noch Zeit.«

Gesine Kulcke

Das Bildungsbuch gehört den Kindern

Sie steht vor dem Regal, lässt ihre Augen wandern, bis sie sie gefunden hat. Sie zieht an dem Rücken der Kunststoffmappe, auf dem in großen Buchstaben Lisa* steht. Auch vorne auf dem Deckel steht ihr Name, unter dem Porträtfoto, das fast die ganze Seite einnimmt. Darüber der Titel:«Mein Bildungsbuch». Sie schlägt es auf, blättert es einmal durch, schlägt es zu, schlägt es wieder auf, fängt an zu erzählen. Viermal hintereinander zeigt sie ihr Buch, versinkt in den Bildern und Fotos, fordert die neben ihr sitzende Ingrid Dröge immer wieder auf, die kleinen Texte neben und unter den Fotos vorzulesen: »Ich draußen«, liest die Erzieherin unter dem Foto auf der zweiten Seite, das Lisa auf einer Decke sitzend zeigt. »Ja«, stimmt Lisa zu, genau das waren ihre Worte, als sie das Foto von Zuhause mitgebracht hatte, um es in ihr Buch zu kleben.

Die ersten Fotos hat sie nach den in Melle entwickelten Rubriken »Das bin ich«, »Das mag ich«, »Die gehören zu mir« und »Das habe ich gemacht« in ihr Buch einsortiert. Das Foto, auf dem sie in einen Maiskolben beißt, verrät, was sie mag und das Bild aus dem letzten Schwedenurlaub, auf dem ihr Bruder und ihre Eltern zu sehen sind, wer zu ihr gehört. Die Kinder bestimmen, was sie von sich zeigen wollen. Die Rubriken dafür gibt es seit zwei Jahren. Die Gestaltung des Bildungsbuches hat sich kaum verändert, seit Kornelia Schneider vom Deutschen Jugendinstitut mit dem Meller Team zusammenarbeitet. Inhaltlich hat sich dagegen eine Menge getan.

Mindestens zweimal im Jahr trifft sich das Team mit der Pädagogin. »Die Struktur der Treffen ist sehr offen«, sagt Ingrid Dröge. Ihr gefällt, dass Kornelia Schneider keine strengen Vorgaben macht. Die Meinungen der Erzieherinnen und ihre praktischen Erfahrungen bestimmen, wie im Kinderhaus beobachtet und dokumentiert wird. Gleich in den ersten Diskussionen forderten Ingrid Dröge und ihre Kolleginnen neben den Bildungsbüchern ErzieherInnen-Mappen, um in ihnen Berichte von Ergotherapeuten und Protokolle von Entwicklungsgesprächen zu sammeln. »Die Kinder können ohnehin nichts mit diesen Berichten anfangen und sollen ihre Bücher jedem zeigen können, ohne dass wir Angst haben, schützenswerte Informationen könnten in falsche Hände geraten.«

In der ErzieherInnen-Mappe werden neben den persönlichen Daten des Kindes, der Aufnahmebogen und Notizen zu Spiel- und Verstehensprozessen, Motorik, Wahrnehmung und Sozialverhalten abgeheftet. Genauso gehören die Protokolle der Elterngespräche in die Mappe. Für sie hat das Team ein Formular entwickelt, das nach dem Anlass des Gesprächs, der Situation des Kindes, den Verabredungen zwischen Erzieherinnen und Eltern und dem Resümee des Gesprächs fragt. Aus dem niedersächsischen Orientierungsplan haben die Meller die Definitionen für acht Bildungsbereiche übernommen und daraus ebenfalls Fragebogen entwickelt. Sie ergründen das mathematische und naturwissenschaftliche Grundverständnis des Kindes, seine Erfahrungen in der Natur- und Lebenswelt, seine ästhetische Bildung, Bewegung und Gesundheit, seine Sprache, die emotionale und soziale Kompetenz, Ethik und Religion. »Aber die Ergebnisse aus den Fragebogen decken sich inhaltlich oft mit den Lerngeschichten. Diese Bogen wird es also so nicht mehr lange geben.«

Auch die Lerngeschichten kommen in die ErzieherInnen-Mappe. Bevor sie aber in den Bildungsbüchern landen,

---

* Name geändert

lesen die Erzieherinnen sie den Kindern vor und fragen, ob sie die Geschichten in ihren Büchern aufbewahren wollen: Die Bücher sollen genau so aussehen, wie sie die Kinder mit ihren Fotos, Geschichten, Zeichnungen, Malereien und Schriftzeichen gestalten. Niemand überprüft, ob sich dabei genügend Material ansammelt. Angst, dass sich einzelne Kinder gar nicht mit ihren Büchern beschäftigen, hat Ingrid Dröge nicht. Es reiche völlig aus, wenn die Kinder nach und nach die Rubriken »Das bin ich«, »Das mag ich«, »Die gehören zu mir« und »Das habe ich gemacht« kennen lernen und immer mal wieder gefragt werden, ob sie Beobachtungen aufheben wollen. »So befassen sie sich ganz von selbst mit ihren Büchern.«

Die »Lerngeschichte«, die in Melle wie anderswo auch aus den vom DJI übersetzten »learning stories« von Margaret Carr entwickelt wurde, nennt das Team seit kurzem nur noch »Geschichte«. Für Ingrid Dröge ein echter Befreiungsschlag. Beim Schreiben sucht sie jetzt nicht mehr krampfhaft nach Lernprozessen, sondern notiert unbefangen, was sie sieht. »Die Lernprozesse analysiere ich später mit Hilfe der Lerndispositionen.« Auch die Bezeichnung »Bemerkenswertes«, die das Team kurzfristig als Überschrift für kurze Notizsammlungen eingeführt hatte, wurde wieder abgeschafft. »Der Begriff wertet und ist ein erster Schritt in Richtung Noten und Zeugnis.« Außer den »Geschichten« gibt es keine weiteren Kategorien. »Wir wollten mal ›Lustige Lerngeschichten‹ sammeln. Aber das haben wir auch aufgegeben, denn ein Kind findet noch lange nicht lustig, was wir lustig finden.«

Anfangs tippten sie alles. Sie scannten jedes Foto perfekt ein und gestalteten ein aufwändiges Layout für jede »Geschichte«. Doch sie waren die Computerarbeit

Das bin ich...

Ich bin Luisa.

Ich matsche gerne. Kennst du das? Ein Stück aus dem dicken Ding geht in alle Finger... das glibbert und rutscht. Was ich nicht am Finger bleibt, kann ich bauen. Ich hab schon tolle große Dinger gemacht. Daran habe ich Klöße gebaut und mit Wasser verteilt. Sieht aus wie am Strand. Da waren auch große dicke Dinger, die so rumlagen. Ich war auf den drauf, ganz oben....

nicht gewohnt. Viele Stunden gingen damit verloren. Sie planten gemeinsame Computerschulungen und wollten Referenten ins Kinderhaus einladen. Doch das Geld fehlte. »Natürlich hat die eine der anderen immer wieder etwas beibringen können. Aber insgesamt war die Computerarbeit eine ständige Belastung und sorgte für endlose Diskussionen«, erzählt Ingrid Dröge. Anfang des Jahres 2005 stand schließlich fest: Nicht nur perfek-

pflichtet. Jedes Kind entscheidet selbst, in welchen Räumen und wo im Garten es sich aufhält. Einen Überblick gibt die »Stammgruppe«, die »Nest« genannt wird. Ingesamt gibt es drei Nester mit jeweils achtzehn bis fünfundzwanzig Kindern. Jedes Nest hat eine Sitzecke und ist einem Waschraum, einer Garderobe und einem Funktionsraum angeschlossen: das Labor befindet sich im Schneckenhaus, das Atelier in der Bärenhöhle, und die Spatzen wohnen im Kinderdorf. Für ein Nest sind immer zwei Erzieherinnen verantwortlich. Gleichzeitig bilden sie ein Beobachtungsteam. Die »Nestbetreuer« arbeiten in den Funktionsräumen, die zu ihren Interessenschwerpunkten passen.

Jedes Kind, das morgens ins Kinderhaus kommt, wird von den Erzieherinnen in seinem Nest begrüßt und schreibt mit Hilfe der Eltern seinen Namen auf eine Kreidetafel. So wissen alle, wer im Haus ist. Das erste Freispiel dauert ungefähr bis Viertel nach neun. Im Anschluss ruft ein Gong die Kinder zum Morgenkreis in ihre Nester zurück. Nach Begrüßungsritualen und Kreisspielen wählt jedes Kind der Reihe nach aus, womit es sich als Nächstes beschäftigen möchte. Die Erzieherinnen notieren die Wünsche in einem Wochenplan, der nach einem Monat ausgewertet und als Monatsplan in die Erzieherinnen-Mappe geheftet wird, so dass aktuelle Interessen und Interessenverschiebungen transparent werden. Bevor die Kinder ihre Nester verlassen, bekommen sie einen Zettel, auf dem ihr Name und der Funktionsraum steht, für den sie sich entschieden haben. »Den Zettel geben sie dann den Erzieherinnen. So geht uns kein Kind auf dem Weg verloren.«

Ingrid Dröge und ihre Kollegin Ilona Morina begrüßen die Schneckenhaus-Kinder und überlegen, wen sie heute beobachten. Vor den Sommerferien hat Ingrid Dröge

te Layouts dürfen abgeheftet werden, sondern auch handschriftliche Notizen und unbearbeitete Fotos.

In Melle gibt es 68 Plätze. Zum Team gehören sechs Erzieherinnen und eine Heilpädagogin, die in der Zeit von 7.30 bis 13.00 Uhr für die Kinder da sind. Sie haben sich der Reggio-Pädagogik, der Umweltpädagogik, dem Situationsansatz und dem kindzentrierten Ansatz verpflichtet.

drei Wochen hintereinander Anton beobachtet. »Und ich werde ihn heute noch einmal fragen, denn er ist nach den Sommerferien nicht alleine ins Kinderhaus gekommen, sondern mit seinem Bruder.« Seitdem laufe er ständig seinem Bruder hinterher. »Er guckt was er macht, und fragt, wo er ist, wenn er ihn aus den Augen verloren hat. Ich möchte sehen, ob er sich überhaupt noch auf andere Dinge konzentrieren kann.« Anton sagt im Morgenkreis, dass er draußen im Sand spielen will, und Ingrid Dröge fragt, ob sie ihn dabei beobachten darf. Anton nickt und zieht seine Gummistiefel an, während Ingrid Dröge ein Klemmbrett, eine Digitalkamera, Papier und Stift holt.

Auf dem großen Sandhügel steht eine Wasserpumpe. Anton pumpt, Ingrid Dröge setzt sich auf einen Zaun daneben und schreibt. Zwischendurch fotografiert sie. Nach zwanzig Minuten hört sie auf. Sie sagt, Anton sei völlig in seinen Interessen versunken und habe darüber ganz vergessen, nach seinem Bruder zu fragen. Doch die Beobachtung sei nicht einfach zu notieren gewesen, da zwischendurch immer wieder Kinder an die Wasserpumpe kamen, um sich mit Anton über das Wasser zu unterhalten, das mal mehr, mal weniger aus dem Hahn floss, die Finger kühlte und den Sand unter der Pumpe aufweichte. »Erst war Max da, dann Tim und Jasmin, dann wieder Max. Zum Glück war die Kommunikation nicht zu komplex, so dass ich mit Stichpunkten arbeiten konnte und nicht alles ausformulieren musste. Jetzt muss ich nur zusehen, dass ich alles bald in den Computer eingebe, um nah am Geschehen zu bleiben. Wenn ich zu lange warte, vergesse ich die Details.«

Ingrid Dröge findet es nicht leicht, zu gucken, zuzuhören und gleichzeitig zu schreiben. »Man nimmt dabei ja immer nur die Auswahl mit, auf die man sich konzen-

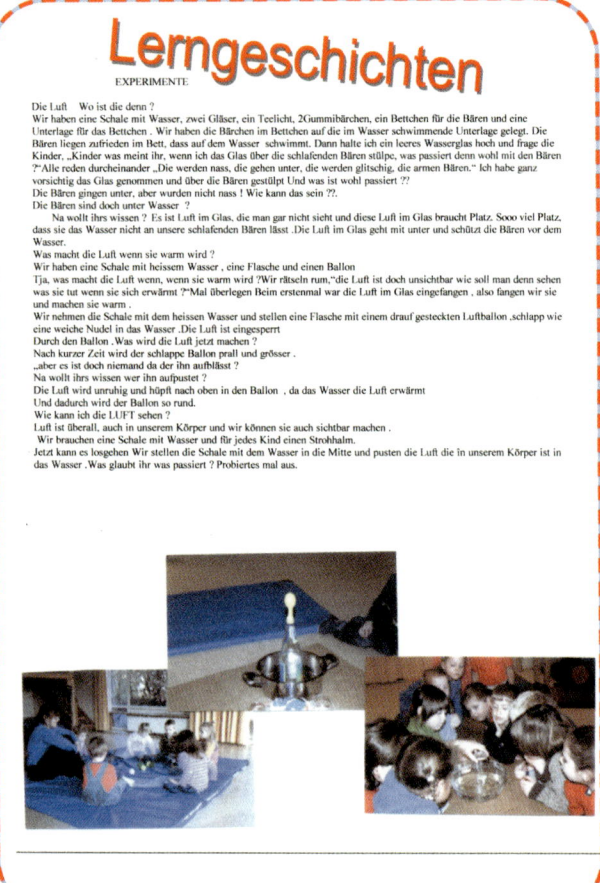

trieren kann.« Wie unterschiedlich diese Auswahl sein kann, hat das Meller Team in einem Versuch herausgefunden: Mehrere Kolleginnen beobachteten gleichzeitig dieselbe Handlungssequenz. »Danach war uns klar: objektiv kann eine Beobachtung nie sein«, sagt Barbara Westerkamp-Müllenhaupt. Das Team beschloss Diktiergeräte einzusetzen, um die Dialoge genau mitzuschneiden und sich voll auf die Beschreibung von Gestik und

Natur – und Sachzusammenhänge

(Naturwissenschaftliche Grunderfahrung)

- Ist das Kind interessiert an Dingen und seiner belebten Umwelt ?
- Stellt das Kind Fragen ?
- Hat es Freude beim Gebrauch aller Sinne beim Untersuchen von Dingen und belebter Umwelt ?
- Hat das Kind Interesse an technischen Vorgängen, an naturwissenschaftlichen Erscheinungen, an Tieren und Pflanzen ?
- Hat es achtsam im Umgang mit Tieren und Pflanzen ?
- Hat es Angst vor Tieren: vor welchen ?
- Lässt sich durch Anregungen zu eigenen Erkundungen motivieren ?
- Stellt es dann seine Fertigkeiten anderen zur Verfügung ?
- Wendet es sich an andere um Hilfe, wenn es mit seinen eigenen Erkundungen nicht weiterkommt ?

Wir haben etwas entdeckt !

Beim Erdbeer- und Himbeerpflücken haben wir eine interessante Entdeckung gemacht. Wir haben gesehen, wie die Bienen und Wespen sich von den Früchten ihr Futter nehmen. Sie knabbern sich in die Frucht hinein. Bei den Erdbeeren ist das sogar ganz toll, denn dort bohren sich die Wespen ein Loch, höhlen die Frucht aus und knabbern alles leer. Als ich eine große Erdbeere pflücken wollte, habe ich mich mächtig erschrocken, denn es kam plötzlich eine Wespe aus einem kleinen Loch geflogen, obwohl die Frucht so aussah, als ob sie pflücken könnte und sie noch ganz war. Von nun an habe ich erst einmal genau hingesehen, bevor ich eine Erdbeere gepflückt habe.

Mimik konzentrieren zu können. »Aber da die Kinder sich während einer Handlungssequenz oft im ganzen Raum bewegen, konnten wir keinen vernünftigen Ort für das Diktiergerät finden«, sagt Ingrid Dröge.

Papier und Stift müssen also reichen. Die Beobachtung soll auf keinen Fall die Bewegungsfreiheit der Kinder einschränken. Gerade der Naturspielraum, der in Melle

seit 1996 in Eigenarbeit mit den Kindern, Eltern und der fachlichen Unterstützung von Crenatur e.V. und KIWI e.V. gestaltet wurde, zeigt, wie wichtig dem Team und den Eltern die psychomotorische Entwicklung der Kinder ist. Auf 4500 Quadratmetern kann der ganze Körper Sinneseindrücke wahrnehmen und Gefühle in Bewegung ausdrücken. Das Gelände wird jedes Jahr bearbeitet, bekommt laufend neue Gesichter. »Das ist alles Wuchs und Holz, hier finden Sie keine fertigen Spielgeräte«, betont Barbara Westerkamp-Müllenhaupt nicht ohne Stolz. Mit Brettern, Steinen, Sand, Lehm, Stöcken und Balken bauen die Kinder Höhlen, Wege und Wasserläufe. Taue in den Bäumen werden Schaukeln, Grashügel Rutschen, Knöterich und andere Gebüsche Verstecke, in denen die Kinder Regenwürmer, Käfer und Spinnen beobachten. Mit allen Sinnen werden beim Jäten der Kinderbeete oder beim Brot Backen im Lehmofen Alltagszusammenhänge begriffen.

Auch die Innenräume des Kinderhauses sind Werkstätten, in denen die Welt erforscht wird. Im Atelier gibt es Farben, Wolle, Verpackungsmaterial, Staffeleien und eine Malwand, auf der die Kinder ohne Themenvorgabe Farben und Formen entdecken. Im Labor werden mit Lupen schlüpfende Maden auf einem Apfelstück untersucht, Puzzle mit Buchstaben und Zahlen gelegt, Hülsenfrüchte gezählt, geschöpft und gewogen, Metallschienen, Schrauben und Räder zu Fahrzeugen und Bauwerken montiert. Eine Schreibtafel, Buchstabenmagnete und ein Computer mit Drucker befinden sich in der Schreibwerkstatt. Auf dem Leuchttisch und am Overheadprojektor wird auf Folien gemalt. Im Kinderdorf hängen nicht nur Kostüme, sondern steht eine fest installierte Bühne, auf der jeder mal Polizist, Mutter oder Kind sein darf. Alltagsgegenstände verwandeln den Raum je nach Rollenspiel in Friseursalon, Schule oder Polizeiwache. Neben dem Bewegungsraum mit Kletterwand, Sprungkästen und Matten, dem Spiegeltraumland und der Werkstatt gibt es ein Restaurant und eine Küche, in der die Kinder kochen und backen.

Nicht nur die Bewegungsfreiheiten in den zahlreichen Erlebniswelten führen zu unterschiedlichen Beobachtungsergebnissen, sondern auch die Interessenschwerpunkte der Erzieherinnen. Die unterschiedlichen Ergebnisse seien aber kein Nachteil, meint Ingrid Dröge, sondern eher ein Vorteil. »Da wir ständig im Wechsel beobachten, also jeder aus dem Team mal dokumentiert, werden die Eindrücke, die wir von den Kindern bekommen, facettenreicher und ganzheitlicher.« Das Team kommt sich aufgrund der unterschiedlichen Perspektiven sogar näher. »Die Beobachtung kann nur Früchte tragen, wenn jeder weiß, was die anderen beobachtet haben.« Vertrauen in die Kompetenzen der einzelnen Teammitglieder sei dabei unabdingbar.

Die Beobachtung prägt auch die Selbstwahrnehmung. Ingrid Dröge erlebt das, was sie tut, viel intensiver als früher. »Da wir nicht nur Auffälligkeiten beobachten, sondern ganz deutlich sehen, wie wohl sich die Kinder bei uns fühlen, bekommen wir ein positives Feedback, das uns in unserer Arbeit bestätigt und motiviert.« Projekte und notwendige Unterstützung, Empfehlungen oder Fördermittel: alles lasse sich besser organisieren, verbalisieren und in der Öffentlichkeit vertreten.

Die Kinder fühlen sich wohl, weil sie sich frei bewegen und nach ihren Neigungen und Fähigkeiten Lern- und Bildungsmöglichkeiten nutzen können. Diese Freiheit erfordert vom Team eine hohe Konzentration auf die Beobachtung. Am Freitag steht nach einem großen Frühstückbüfett Freispiel auf dem Plan, so dass aus jedem

Nest jeweils eine Erzieherin Zeit für die Beobachtung hat. Für die Überarbeitung und Analyse der Dokumentationen gibt es nach der wöchentlichen Team- eine Nestbesprechung. »In Zukunft wollen wir aber die Kinder an mehreren Tagen beobachten, damit wir sie nicht nur im Freispiel, sondern auch in den Angeboten sehen.« Dafür müssen weitere Beobachtungstermine geschaffen werden, möglichst ohne Einschränkung der wöchentlich wiederkehrenden Angebotsschwerpunkte, zu denen der Maltag im Atelier, ein Wald- und Ausflugstag, ein Kochtag, sowie ein Tag mit Theater- und Turnangeboten gehören.

Die Reihenfolge, in der die Kinder beobachtet werden, hat sich bereits geändert. Während früher jede Woche ein anderes Kind beobachtet wurde, gibt es jetzt die »Fünfer-Beobachtungen«. »So nennen wir das, weil wir fünf Wochen hintereinander dasselbe Kind beobachten. Entwicklungsschritte und Lerndispositionen lassen sich so besser herausarbeiten.« Die Kinder stimmen langfristigen Dokumentationen mit Videokameras und Fotoapparaten nicht nur zu, sondern fordern selbst ein, dass sie und ihre Werke aufgenommen werden. »Manchmal lassen wir während des Tages auch eine Diashow auf dem Computer laufen oder zeigen Videosequenzen von einem gemeinsamen Fest. Die Medien gehören inzwischen zum Alltag.« Auch für die Eltern, die zusätzlich in die ErzieherInnen-Mappen gucken dürfen, und die im Flur hängende, ständig wechselnde Fotos und Bilder über die aktuelle Arbeit ihrer Kinder informieren.

Trotzdem lassen sich nicht alle Eltern sofort von den ErzieherInnen-Mappen und Bildungsbüchern überzeugen. »Viele befürchten, dass wir nur am Rand stehen und gucken, schreiben, fotografieren und Notizen in den Computer tippen.« Zwischen Tür und Angel lässt sich der Sinn der systematischen Beobachtung nicht vermitteln. Die Eltern brauchen Zeit und Hintergrundinformationen, um sich aktiv an der Entwicklungsdokumentation ihres Kindes zu beteiligen und die Vorteile für ihr Kind zu begreifen.

Im vergangenen Jahr hat Kornelia Schneider zu einem Elternabend eingeladen und das Projekt der Lern- und Bildungsgeschichten erklärt. Doch mit dieser Informationsveranstaltung im großen Rahmen – bei 68 Kindern kommen schnell mehr als 100 Eltern zusammen – machte das Team schlechte Erfahrungen. »Kaum jemand traute sich während des Elternabends Fragen zu stellen. Die Hemmschwelle war einfach zu hoch.« Ein Tag nach der Veranstaltung aber häuften sich die Fragen. Seitdem wird das Bildungsbuch in kleinerer Runde in den jeweiligen Nestern vorgestellt.

Das Kinderhaus kooperiert mit einer Grundschule in der Nachbarschaft und diskutiert, ob und inwieweit auch sie die Bildungsbücher nutzen können soll. »Die Bücher könnten nach Absprache mit den Eltern eine Grundlage für Gespräche mit den Lehrern sein. Dabei müssen aber die Rechte für das Bildungsbuch komplett beim Kind bleiben.« Dieses Recht ist nicht immer leicht zu respektieren. Erst kürzlich kam ein Vater zu Ingrid Dröge, weil seine Tochter alle Bilder, die sie im Kinderhaus gemalt hatte, mit nach Hause brachte. »Der Vater war ganz besorgt und wollte wissen, ob die Zeichnungen und Bastelarbeiten nicht ins Bildungsbuch müssten, um zu zeigen, wie seine Tochter sich entwickle. Aber wir müssen akzeptieren, dass es Kinder gibt, die sich mehr und andere, die sich weniger für ihr Buch interessieren.« Die Bildungsbücher werden zum Abschluss der Kinderhaus-Zeit alle mit der gleichen Spiralbindung gebunden und den Kindern mit nach Hause gegeben. Trotzdem sieht jedes Buch am Ende anders aus, da Bilder immer wieder aus- und eingeheftet, kopfüber gesammelt, nach Wochen weiterbearbeitet oder sogar ganz aussortiert werden. So schaffen die einen Raum für neues Material, während die anderen ihre Bücher fast zum Platzen bringen.

Gesine Kulcke

Von der Dokumentation zum Bildungsbuch – eine vorläufige Vergewisserung

Was unterscheidet das Bildungsbuch von anderen Dokumentationsformen?
Roger Prott wagt ein vorläufiges Fazit und stellt offene Fragen zur Diskussion.

Beobachtung und Dokumentation werden in den meisten Bildungsplänen oder -programmen der Bundesländer als Aufgaben von Erzieherinnen bezeichnet. Ausnahmen bilden die Länder Mecklenburg-Vorpommern, Sachsen-Anhalt und Thüringen. Mit Beobachtung und Dokumentation sollen die Bildungsprozesse jedes einzelnen Kindes erkannt und schriftlich festgehalten werden; außerdem soll das pädagogische Handeln der Erzieherinnen (Planung und Auswertung) darauf aufbauen, um die Entwicklung der Kinder zu unterstützen und zu fördern.

Warum gerade jetzt Beobachtung und Dokumentation?

Beobachtung und Dokumentation werden von so vielen Seiten als wichtig postuliert, dass die Frage nach dem Warum provokativ oder sogar ketzerisch klingt. Trotzdem ist sie nicht nur zulässig, sondern geradezu notwendig, um geeignete Beobachtungs- und Dokumentationsformen sowie dazu passende Instrumente zu entwickeln. Beobachtungsverfahren zu erarbeiten ist schwierig genug, aber sind sie dann auch praktikabel? Und kann mit ihnen wirklich Wichtiges beobachtet werden? Dokumentationsverfahren zu erarbeiten ist nicht weniger schwierig. Auch sie müssen praktikabel sein, damit das Wichtige dokumentiert werden kann. Wer aber entscheidet darüber, ob etwas wichtig ist? Kinder? Eltern? Erzieherin?

Beobachtung und Dokumentation sind momentan attraktiv und modern. Als Grund dafür reicht keinesfalls, dass keine qualifizierte pädagogische Arbeit ohne Analyse – auf der Grundlage von Beobachtung und Dokumentation – geleistet werden kann. Dieses Argument trifft zu, spätestens seitdem es den Situationsansatz gibt. Er erfordert Situationsanalysen auf der Grundlage von Beobachtungen. Die pädagogische Planung soll darauf aufbauen, zu den Interessen einer Gruppe passen und anschließend dokumentiert werden. Statt diese Qualität flächendeckend einzuführen, überdauerten im Elementarbereich des Bildungswesens weithin standardisierte Massenbeschäftigungsaktionen, für die Beobachtung und Dokumentation nicht notwendig waren. Ist nun einfach die Zeit reif dafür?

Wird erst jetzt erkannt, dass Beobachtungen und vor allem Dokumentationen das Erzieherinnenhandeln qualifizieren können, dass sie die Zusammenarbeit zwischen Erzieherinnen und Eltern verbessern können, dass Kinder durch diese Form pädagogischer Arbeit etwas ganz Spezielles lernen können (Lernmethodik, Metakognition), dass es nun möglich ist, die Zusammenarbeit zwischen Elementar- und Primarbereich zu verbessern und außerdem die Öffentlichkeitsarbeit beleben zu können? Keine

127

dieser Erkenntnisse ist neu, nur sind sie eben nicht flächendeckend umgesetzt. Wenn – endlich – die Möglichkeiten Realität werden sollen, braucht es vermutlich mehr als neue Beobachtungs- und Dokumentationsverfahren. Damit nicht (wieder) ein Anlauf zur Qualifizierung der pädagogischen Arbeit ins Leere läuft, sollten Bildungsforscher die Frage »Warum gerade jetzt Beobachtung und Dokumentation?« zu erklären suchen.

Wie wäre es mit der pessimistischen These, dass das Interesse an Beobachtung und Dokumentation nur als Interesse an Kontrolle zu interpretieren ist:

- (Bildungs-)Politiker wollen nachweisen, dass sie etwas bewirkt haben, und verordnen Kontrolle;
- Wissenschaftler wollen ihre Arbeitsplätze sichern und kontrollieren (erforschen) das Leben von Kindern oder deren Entwicklung;
- Eltern trauen der Entwicklung ihres Kindes nicht und kontrollieren Fortschritte;
- viele Menschen trauen den Erzieherinnen oder deren Arbeit nicht und verordnen Kontrolle als Qualitätsmerkmal der Arbeit;
- Erzieherinnen wollen nachweisen, dass sie etwas getan haben und...

Das Mittel dazu ist in jedem Fall die Kontrolle derjenigen, die sich am wenigsten dagegen wehren können.

Gegen diese These spricht, wer der Ansicht ist, dass Kinder von Beobachtung und Dokumentation profitieren. Falls das zutrifft, müsste der Profit sichergestellt werden. Sodann bedarf es eines Konsens darüber, dass der Profit seinen Preis wert ist. Auch darüber könnte oder müsste geforscht werden. Mit anderen Worten: Die Effekte müssten überprüft werden, was einer Kontrolle des allgemeinen Kontrollwillens gleich käme. Das klingt paradox, ist es aber nicht, denn jedes demokratische Handeln erfordert Kontrolle, um Machtmissbrauch vorzubeugen.

Kein Instrument ist von sich aus gut und nützlich. Auch wer ein Bildungsbuch entwickeln will, muss erklären, warum und wozu. Das eigene Interesse ist offen zu legen, Transparenz über das eigene Wissen und das eigene Noch-Nicht-Wissen herzustellen. Ganz praktisch geht es um die Frage, warum die einen für ein Bildungsbuch, andere aber für Portfolios oder anderes werben. Worin unterscheiden sich die verschiedenen Dokumentationsformen?

Mit diesem Beitrag sollen der momentane Diskussionsstand zum Bildungsbuch zusammengefasst und Überlegungen für die weitere Arbeit dargestellt werden.

Die vielen Namen der Dokumentation – eine Begriffsklärung

Der Duden definiert Dokumentation als Zusammenstellung, Ordnung und Nutzbarmachung von Dokumenten und Materialien jeder Art.

Folgt man dieser Erklärung, dann ist Dokumentation nicht der Prozess des Dokumentierens – das Herstellen und Sammeln von Dokumenten –, sondern ein Produkt. Auch bildet eine Dokumentation nicht einfach eine Realität ab wie beispielsweise ein Foto. Eine Dokumentation entsteht erst durch zusätzliche Arbeit. Die Person, die dokumentieren will, muss Dokumente auswählen und nach bestimmten Gesichtspunkten zusammenstellen. Dazu braucht sie eine Idee, ein Konzept. So kommt eine gewisse Ordnung ins Spiel.

Eine Dokumentation wird nicht zweckfrei zusammengestellt. Die Dokumente und Materialien jeder Art sollen nutzbar sein, möglichst nützlich. Den Nutzen herbeizaubern soll die Erzieherin, denn Beobachtung und Dokumentation gehören zu ihren Aufgaben. Doch zu wessen Nutzen soll dies geschehen – zu dem der Erzieherin, zum Nutzen der Kinder, zu beider Nutzen? Von der Antwort auf diese Frage hängt die Entscheidung über die auszuwählenden Inhalte ab.

Es ist unwahrscheinlich, dass eine Dokumentation zum Nutzen der Erzieherin genauso aussieht wie die zum Nutzen von Kindern. Noch unwahrscheinlicher ist, dass eine Dokumentation zum Nutzen von Grundschullehrerinnen wie die der Kinder aufgebaut ist oder wie eine Dokumentation, die zu Werbezwecken der Einrichtung erstellt wird. In der Fachliteratur und auch in den Bildungsprogrammen der Länder finden sich solche Unterscheidungen jedoch kaum. Alles scheint möglich, wenn nur dokumentiert wird.

Kann eine Dokumentation irgendwie heißen?

Dokumentation trägt viele Namen. Niedersachsen verwendet in seinem Orientierungsplan den Begriff Bildungsbuch. »Erfunden« hat den Begriff die GEW und ließ dessen Verwendung bereits im Mai 2003 rechtlich schützen.

Niedersachsen verwendet darüber hinaus die Begriffe »Bildungs- und Lerndokumentation« – in denen Lerngeschichten des Kindes festgehalten werden – sowie »Portfolio«. Ganz offensichtlich legt sich Niedersachsen nicht auf einen einzigen Begriff oder nur eine Form von Dokumentation fest. Das Land hat sich abgesichert.

Weitere Begriffe, die zurzeit häufig zu lesen sind, lauten: Lerntagebücher, Bildungsberichte, Entwicklungsordner, Ich-Bücher, Entwicklungsbücher, Könnerbuch, Bildungs- und Lerngeschichtenbuch, Bildungstagebuch, kindorientiertes Bildungsbuch. Wenn es nicht egal ist, wie eine Dokumentation benannt wird, muss durch die verschiedenen Begriffe stets eine andere Art von Dokumentation bezeichnet werden.

Denkbar – wenn auch reichlich unwahrscheinlich – ist, dass so viele Begriffe existieren, weil diejenigen, die am Thema »Dokumentation in Kindertageseinrichtungen« arbeiten, noch keine Zeit gefunden haben, sich auf den einen treffenden Namen zu einigen. Sie benutzen unterschiedliche Begriffe, weil sie nicht wissen, dass alle das gleiche meinen. Das nennt man dann Konfusion. Denkbar aber sind auch Faulheit (zu mühevoll, die Unterschiede zu erklären) oder Eitelkeit (jeder möchte seinen Begriff durchsetzen).

Die wahrscheinlichste Erklärung ist, dass die jeweilige Bezeichnung Ausdruck eines bestimmten Bildes vom Kind und zugleich des Verständnisses von kindlicher Bildung ist. Deshalb aufgepasst: Was ist jeweils gemeint? Was wird tatsächlich transportiert? Und wie passt beides zusammen?

Kann Bildung abgebildet werden?

Hier wird nicht über irgendwelche Dokumentationen nachgedacht, sondern über so genannte Bildungsdokumentationen. Das sind solche, die Bildung von Kindern und ihre Entwicklung dokumentieren sollen. Ist das wirklich möglich?

Seit einigen Jahren wird in der Pädagogik und angrenzenden Sozialwissenschaften unter Bildung ein Prozess verstanden, den jeder Mensch vollzieht, indem er sich im Zusammenwirken mit anderen Menschen ein Bild von der Welt konstruiert und die Welt verändert. Dabei entsteht weder ein x-beliebiges Bild noch ein genaues Abbild von der Welt, sondern das spezielle Bild dieses Menschen. Jeder Mensch bildet sich nach diesem Bildungsverständnis selbst.

Exkurs

Mit dem Begriff Selbstbildung wird versucht, sich abzugrenzen, beispielsweise vom Bildungsverständnis Instruktion, das nach dem Modell des Nürnberger Trichters funktioniert: Man bildet ein Kind, indem man es mit Wissen füllt. Es wird gebildet, bleibt also passiv, während sein Wissen vermehrt wird.

Wer von Selbstbildung spricht, will sich vermutlich vom Bildungsverständnis Trichter abgrenzen, sagt nur leider nicht genau, was sein Hintergrund ist, denn wenn man sich nur selbst bilden kann, ist der Begriff Selbstbildung eine Tautologie wie kaltes Eis.

Genau genommen, ist das Wort Bildungsprozess nach neuem Verständnis eine ebensolche Dopplung. Wenn Bildung nämlich als (lebenslanger) Prozess anzusehen ist, dann ist der Anhang »-prozess« schlichtweg zu viel des Guten: Prozessprozess klingt merkwürdig.

Will man Bildung – im neuen Verständnis – dokumentieren, steht man vor dem Problem, einen Prozess sichtbar zu machen und angemessen zu vergegenständlichen, der sich in einem Menschen vollzieht. Dies wird vermutlich nicht gelingen. Mithilfe von Beobachtung und Dokumentation können Entwicklungen dargestellt werden. Auch lassen sich Lernfortschritte, Wissensbestände und so manche Fähigkeit darstellen, die neu erworben wurde. Aus all diesen Ergebnissen von Bildung kann man dann Rückschlüsse ziehen auf die Prozesse, die das Kind (und für Erwachsene gilt das ebenso) vermutlich vollzogen hat. Doch der Prozess an sich lässt sich nicht darstellen. Die Bezeichnungen Bildungsdokumentation und Bildungsbuch sind in dieser Hinsicht wenig präzise. Entwicklungsbuch, Lerntagebuch, Könnerbuch drücken genauer aus, worum es geht: Die sichtbaren und darstellbaren Kompetenzen von Kindern werden mit Hilfe verschiedener Instrumente geordnet und nutzbar gemacht.

Das neue Bildungsverständnis baut auf die Eigenaktivität eines Kindes und seine Kompetenz, zu entscheiden, wie es mit den Bildungsangeboten umgeht. Dieses Verständnis betont erneut die über viele Jahre vernachlässigten Zusammenhänge von Bildung und Persönlichkeitsentwicklung. Bildung ist umfassender als Wissenserwerb und Lernen. Bei Bildung sind persönlichkeitsbildende Elemente, wie Einstellungen, Vorlieben, Strategien oder Eigenarten mit zu denken. Jede Bildungsdokumentation müsste solche Elemente berücksichtigen; Lerntagebücher und andere Formen können darauf verzichten. So muss man auch beim Projekt »Bildungsbuch« im Blick haben, dass die Prozesse nicht wirklich abzubilden sind.

Diese Begrenzung scheint zurzeit unüberwindlich. Einfacher scheint hingegen, darauf zu achten, dass für das Bildungsbuch Instrumente erarbeitet werden, die mehr als die Fortschritte eines Kindes beim Erwerb von Wissen und Kompetenzen veranschaulichen. Zusätzlich muss es gelingen, zu verdeutlichen, dass jedes Dokument nur einen Moment in einem keineswegs stets geradlinig und vorwärts verlaufenden Entwicklungsprozess wiedergibt.

Wem dienen Dokumentationen – dem Interesse des Kindes oder der Erzieherin?

Manche Beobachtungs- und Dokumentationsverfahren beziehen die Kinder ein; bei anderen dokumentiert die Erzieherin, wenn ein Kind sie dazu auffordert; und es gibt Beispiele dafür, dass ein Kind dokumentieren will, wie es von der Erzieherin beobachtet wird.

Kinder sind beteiligt oder werden es. Würde jedoch ein Kind von sich aus versuchen, seine Bildung zu dokumentieren? Würde es aus sich heraus die Idee entwickeln, aus eigenem Ermessen und freien Stücken damit anfangen, ohne Anregung durch Erwachsene? Können wir ein quasi natürliches Bildungsdokumentationsinteresse von Kindern unterstellen? Die Fragen klingen so eigentümlich, dass sie nur mit »nein« zu beantworten sind. Für das vorschulische Alter kann ein intrinsisches Dokumentationsinteresse wohl ausgeschlossen werden.

Weshalb fangen Kinder an, beim Dokumentieren mitzuwirken? Vermutlich ist Zuneigung zur Bezugsperson ein starkes Motiv. Kinder beginnen zu dokumentieren, um den Erwachsenen zu gefallen. Das gemeinsame Tun hat eine emotionale Bedeutung. Kinder beginnen auch zu dokumentieren, weil sie den Wunsch und Willen haben, es den Erwachsenen gleich zu tun. Sie wollen »so groß sein wie sie«. Kinder wollen lernen, was die Erwachsenen können und für wichtig halten. Dokumentation hat eine kulturelle Bedeutung für Kinder, als Übernahme einer Kulturtechnik, wenn Erwachsene diese Technik gebrauchen.

Für eine Diskussion der Ziele, Zwecke und Funktionen von Dokumentationen – einschließlich der Formen und Verfügbarkeit – erscheint mir dieser Zusammenhang äußerst wichtig, weil damit klar wird, dass jedes Dokumentieren ausschließlich auf das Interesse und die Entscheidung der Erwachsenen zurückzuführen ist.

Wozu dienen Dokumentationen?

Jede Dokumentation hat mindestens eine Grundfunktion. Als Ausgangspunkt für pädagogische Arbeit, die an den individuellen Voraussetzungen eines Kindes ansetzt, dient sie letztlich der Förderung der kindlichen Entwicklung. Sie dient der Qualifizierung von Kindern; sie unterstützt deren Kompetenzerwerb.

Darüber hinaus wenden Erzieherinnen nicht nur vorhandene Kompetenzen an, sondern erwerben Kompetenzen, wenn sie eine Dokumentation erstellen, mit der sie die weitere pädagogische Arbeit planen. Eine Dokumentation dient der Qualifizierung von Erzieherinnen; sie unterstützt deren Kompetenzerwerb nicht minder als den der Kinder.

Manch eine Dokumentation dient der Vergewisserung, dass man selbst oder das Kind auf dem richtigen Weg ist. Mit dieser Dokumentation soll der jeweilige Entwicklungsstand eines Kindes dargestellt und eingeschätzt werden: Ist das Kind altersgerecht entwickelt? Sogar diese nicht mehr zeitgemäße Frage kann mit einer Dokumentation beantwortet werden.

Welche Interessen hat das Kind? Welche Erfahrungsmöglichkeiten stehen ihm zur Verfügung? Welche starken Seiten hat es ausgebildet? Mit einer einschätzenden Bewertung – englisch: assessment – wird versucht, die Eigenheiten eines Kindes möglichst neutral zu beschreiben. Dokumentationen helfen auch dabei, mal mit mehr, mal mit weniger kritischen Formen der Entwicklungskontrolle.

Woraus besteht eine Dokumentation?

Die Frage nach den Bestandteilen einer Dokumentation kann nur allgemein beantwortet werden; letztlich hängt die Wahl der Elemente von den Zielen und Zwecken ab. In der Definition des Duden hieß es: Für eine Dokumentation können Dokumente und Materialien jeder Arbeit zusammengestellt, geordnet und nutzbar gemacht werden. Zu den Zielen und Zwecken gesellt sich also der Nutzen. Was unnütz ist, muss die Arbeit der Erzieherin nicht belasten. Die anderen Dokumente müssen möglichst praktikabel und ihren Aufwand wert sein.

Werden zum Beispiel viele Informationen über ein Kind durch Beobachtung gewonnen, gehören freie und strukturierte Beobachtungsaufzeichnungen in die Dokumentation des Kindes. Der bayerische Bildungs- und Erziehungsplan benennt freie Beobachtungen und Aufzeichnungen der Erzieherinnen, strukturierte Formen wie standardisierte Beobachtungs- und Einschätzbögen sowie Produkte der Kinder als mögliche Bestandteile von Dokumentationen.

Wie passt ein Portfolio dazu?

Eine besondere Form von Dokumentation wird Portfolio genannt. Das Wort hängt mit dem französischen portefeuille (wörtlich: Blatt-Trage) zusammen. Es bezeichnet ursprünglich eine einfache Mappe aus zwei zusammengeklappten Pappdeckeln, in der Künstler ihre Bilder, Zeichnungen, Skizzen und Entwürfe transportierten, um sie zu präsentieren. Die Mappe enthält eine Bilderauswahl, um zum Beispiel bei Bewerbungen die Bandbreite des Talents darzustellen. Für die aktuelle Diskussion in der Pädagogik ist bemerkenswert, dass ein solches Portfolio die besten, vielleicht die typischsten Stücke des Künstlers enthält. Das heißt, die Werke wurden bewertet und ausgewählt! Bemerkenswert ist weiterhin, dass der Künstler derjenige war, der sie auswählte.

Im übertragenen Sinne sind Portfolios heutzutage differenzierte Sammlungen, beispielsweise von Aktien, die von Zeit zu Zeit einer Portfolioanalyse unterworfen werden, um den Wert des Besitzes zu beurteilen.

Aus Reggio/Emilia stammend, wurden Portfolios hierzulande erst über Berichte aus schwedischen Grundschulen bekannt, in denen sie von den Lehrkräften für alle Schülerinnen und Schüler angefertigt werden. Nachdem diese Portfolios den Zwecken der Vorschulen angepasst wurden, hat man sie auch dort übernommen. Da Vor- und Grundschulen mittlerweile auf dem gleichen Gedankengebäude aufbauen, sind die Portfolios beim Übergang von der einen in die andere Institution anschlussfähig. So begleitet das Portfolio ein Kind auch während seiner gesamten Schulzeit. Dies ist aber im Early Excellence Centre in Corby (England), wo ebenfalls mit Portfolios gearbeitet wird, nicht der Fall; und in Deutschland ist die obligatorische Übergabe eines Portfolios vom Kindergarten an die Grundschule nicht zulässig.

Portfolios enthalten verschiedenartige Dokumente und kommen auf unterschiedliche Weise zustande. In Corby beispielsweise werden dafür Materialien aus so genannten Entwicklungsbüchern zusammengestellt; ein Portfolio ist quasi deren Extrakt. Portfolios sehen deshalb überall anders aus, doch alle eint das Bestreben, Kinder durch Dialog und Partizipation besser zu verstehen. Portfolios werden dort eingesetzt, wo Kindern eine aktive Rolle bei ihrer Entwicklung zugesprochen wird. Nicht zuletzt geht es darum, das Portfolio (oder Teile davon) im Zusammenwirken mit den Kindern zu erstellen und die Gedanken der Kinder über das Lernen im Dialog zu stimulieren.

Wie passen die Bildungs- und Lerngeschichten ins Bild?

Bildungs- und Lerngeschichten sind eine weitere der derzeit diskutierten Dokumentationsformen. Sie kommen aus Neuseeland, wo sie »learning stories« – Lerngeschichten – heißen, und dienen dort vorrangig zwei Zwecken: Erstens geht es darum, die Kinder kennen zu lernen und ihr Lernen sichtbar zu machen. Zweitens dienen sie als Grundlage der pädagogischen Arbeit (Planung, Umsetzung und Auswertung).

Lerngeschichten beginnen mit Beobachtungen der Erzieherin. Sie notiert, wofür sich ein Kind begeistert, oder hält fest, was sie am Tun eines Kindes fasziniert. Dann schätzt sie die dabei beobachteten Tätigkeiten des Kindes im Hinblick auf Bildung und Lernen ein. Die Erzieherin soll das Kind, seine Beweggründe, seine Interessen, seine Kompetenzen verstehen können.

Meist reflektieren und interpretieren mehrere Erzieherinnen ihre Beobachtungen auf der Basis von fünf so genannten Lerndispositionen gemeinsam. Auf dieser Grundlage werden Ideen für nächste Entwicklungsschritte und passende pädagogische Angebote entwickelt. Auf den gemeinsamen Analysen aufbauend, formulieren die Erzieherinnen ihre Einschätzungen und Vorschläge für die Kinder in Erzählform – als Lern-geschichte –, die den Kindern gezeigt oder vorgelesen wird, um das Nachdenken über das Denken (so genannte Meta-Kognition, Lernmethodik) anzuregen. Die Äußerungen der Kinder dazu werden als Stimme des Kindes zusätzlich dokumentiert.

Lerngeschichten in Neuseeland sind ein Assessmentverfahren. Das heißt, sie sind einerseits ein Verfahren zum Verstehen und Bewerten des Beobachteten und andererseits ein Verfahren zur Einschätzung von Interessen, Stärken und Lernfortschritten der Kinder. An diesem Verfahren werden die Kinder beteiligt. Sie werden herausgefordert, über ihre Lernprozesse nachzudenken, und beeinflussen die Auswahl der Dokumente im Portfolio. Lerngeschichten sollen ausschließlich Positives über ein Kind dokumentieren; sie handeln stets von Erfolgserlebnissen.

Lerngeschichten sind Teil eines Portfolios, in dem auch Werke der Kinder und verschiedene andere, auch standardisierte, Instrumente der Erzieherin gesammelt werden. Lerngeschichten gehören den Erzieherinnen, solange die Kinder im Kindergarten sind. Danach werden sie ihnen übereignet. In der Zwischenzeit können die Kinder jedoch darüber verfügen.

Der Lerngeschichtenansatz fordert Erzieherinnen zu einem Dialog mit Kindern heraus und hilft ihnen, sich zu prüfen: Verstehen sie, was ein Kind tut?

Eltern werden möglichst weitgehend beteiligt. Sie können eigene Lerngeschichten oder Stellungnahmen zu den Lerngeschichten der Erzieherinnen schreiben. Ins Portfolio kommen die Beiträge als »Stimme der Eltern«.

Das Projekt »Bildungs- und Lerngeschichten« des DJI baut auf diesen Erfahrungen auf und folgt dem Vorbild aus Neuseeland weitgehend. Die übrigen Aussagen zu den Lerngeschichten sind weitgehend identisch. Sie sind ein Verfahren der Beteiligung der Kinder, ein Verfahren zur Förderung von Selbstreflexion, ein Assessmentverfahren.

Ob Bildungs- und Lerngeschichten zu einem Portfolio gehören (sollen), muss ebenso erforscht werden, wie eine Antwort auf die grundsätzliche Frage gefunden werden muss, ob und wie es gelingen kann, Bildung zu dokumentieren und dabei die Begrenzung auf Gelerntes, auf Wissen und auf Fähigkeiten zu überwinden. Die Interpretation der Beobachtungen im Hinblick auf Lerndispositionen folgt zwar dem Verständnis, dass das Assessment nicht nur die unmittelbaren Resultate des Lernens berücksichtigen darf, betont aber zugleich eben dieses Lernen oder die Suche nach Lernfortschritten eines Kindes und läuft deshalb Gefahr, Lernen nicht als Teil von Bildung, sondern als Bildung an sich darzustellen.

Das Bildungsbuch – eine qualifizierte Dokumentation

Die GEW hat den Begriff Bildungsbuch bereits 1999 eingeführt, zu einer Zeit also, als nur wenige Expertinnen und Experten in unserem Land an eine systematische Beobachtung und Dokumentation als Standardaufgabe für Erzieherinnen dachten. Angeregt durch die Portfolios in Schweden, sollte auch bei uns ein solches Instrument entwickelt werden. Inzwischen sind Beobachtung und Dokumentation weithin akzeptiert, und der Begriff Portfolio ist längst bekannt. Trotzdem hält die GEW am Bildungsbuch fest. Was macht die besondere Qualität dieser Form der Dokumentation aus? Wie kann die Arbeit der Erzieherinnen durch das Bildungsbuch unterstützt werden?

Es wird nun versucht, die Überlegungen aus dem ersten Teil des Beitrags auf das Bildungsbuch zu übertragen, sie zusammenzufassen und sie durch Vorschläge für die weitere Entwicklung zu ergänzen. Dabei kommt es notwendigerweise zu Wiederholungen. Neu jedoch ist, dass ausschließlich die für ein eigenständiges Bildungsbuch wesentlichen Aspekte herausgefiltert und darauf überprüft werden, ob sie stichhaltig sind und zueinander passen. Es wird geprüft, was davon für das Bildungsbuch geeignet ist und was nicht.

Die Entscheidung für den Namen »Bildungsbuch«

Bildung als individueller Prozess eines Menschen in Auseinandersetzung mit seiner Umwelt kann eigentlich nicht dargestellt werden. Insofern ist die Bezeichnung Bildungsbuch ein wenig irreführend, denn dokumentiert werden sollen Zwischenstände der Entwicklung, Stationen im Leben von Kindern. Andererseits geht es um Aspekte der Bildung, und wenn Kinder aktiv beteiligt

werden, dient das Buch auch der Bildung von Kindern (siehe unten). Problematisch wäre die Bezeichnung »Bildungsbuch«, wenn damit ein Verständnis von Bildung, das nur an Wissen und Lernen orientiert ist, eher transportiert würde als das umfassendere Neue. Dies gilt es mit geeigneten Kriterien zu verhindern.

Der GEW-Gesprächskreis hat sich geeinigt, den Begriff »Bildungsbuch« trotz der möglichen Einwände zu verwenden. Allerdings gilt der Grundsatz, dass ein Bildungsbuch in jedem Fall auf der Praxis eines sozialpädagogischen Bildungsverständnisses gründen muss. Beispielsweise sind Bildung, Betreuung und Erziehung als Einheit zu beachten, ist Bildung als Prozess der Ko-Konstruktion zu verstehen und anderes mehr.

Eine Dokumentation darf hingegen nicht als Bildungsbuch bezeichnet werden, wenn damit eine instruierende oder schulorientierte Kindergartenpädagogik praktiziert, in Ordnern gesammelt und ausgestellt wird. Möglich wäre jedoch, den Begriff »Bildungsbuch« zu verwenden, wenn die Bildungsangebote der Erzieherin und die Reaktionen der Kinder beschrieben, begründet und auf die wahrscheinliche Bedeutung für jedes Kind hin ausgewertet würden.

Die Unterscheidung der zwei wichtigsten Funktionen...

Mit dem Bildungsbuch wurden von Anfang an hauptsächlich zwei Funktionen verbunden. Es sollte einerseits ein kindbezogenes Förderinstrument, andererseits ein Qualifizierungsinstrument für die pädagogische Praxis (und nebenher für die Erzieherin selbst) sein. Zuerst wurde nicht zwischen den beiden Funktionen unterschieden. Das Bildungsbuch sollte Kindern und Erzieherinnen dienen. Zwischenzeitlich schien es dann, als würden den beiden Hauptfunktionen zwei verschiedene Dokumentationsformen am besten entsprechen.

Anlass für diese Idee war die Frage nach der Verfügungsgewalt: Wem gehört das Bildungsbuch? Im Kinderhaus Melle wurde mit zwei getrennten Dokumentationen gearbeitet, einem Bildungsbuch zur Verfügung für jedes Kind und einem Erzieherbuch. Über das Bildungsbuch und seine Inhalte entscheiden die Kinder, während das Erzieherbuch eine umfassende Arbeitsgrundlage der Erzieherin darstellt.

Nach wie vor erscheint die Idee, beide Funktionen zu betrachten, richtig und nötig, denn die Erzieherin braucht eine konstante und verlässliche Arbeitsgrundlage. Sie muss sicher sein, dass ihr wesentliche Informationen stets zu Verfügung stehen, was nicht gewährleistet ist, wenn ein Kind jederzeit über den Inhalt der Dokumentation – ihr externes Gedächtnis – entscheiden darf. Allerdings ist ein fataler Rückschluss möglich, der da lautet: Wir brauchen ein kindbezogenes Förderinstrument, weil das Arbeitsinstrument der Erzieherin ihren Interessen dient, also weniger kindbezogen oder nicht genügend förderlich für das Kind ist.

Das stimmt so natürlich nicht, denn ob eine Dokumentation der Erzieherin dient oder dem Kind, hängt nicht allein davon ob, in wessen Hand sie sich befindet, sondern auch davon, was darin gesammelt wird, wie verantwortlich damit umgegangen wird oder welcher weiteren Verwendung sie zugeführt wird. Die Unterscheidung entlang der Kategorien Förderinstrument und Qualifizierungsinstrument mit der jeweiligen Zuordnung zum Kind oder zur Erzieherin ist aus drei Gründen falsch:

- Die Qualifizierung der pädagogischen Arbeit der Erzieherin soll das Kind in seiner Entwicklung fördern.
- Ob Bildungsbuch oder Erzieherbuch, in beiden Fällen entscheidet die Erzieherin, ob sie das Instrument überhaupt einführen will. Das heißt, sie trifft die Grund-

satzentscheidung, auf der alle weiterer Entscheidungen eines Kindes erst möglich werden.
- Wie die Lerngeschichten in Neuseeland zeigen, können Kinder den Inhalt ihrer Portfolios mitbestimmen; sie werden angeregt, selbst dazu beizutragen.

Der letztgenannte Grund weist in die Richtung, die weiterführt: Nicht die Förderung an sich ist entscheidend, sondern was gefördert werden soll.

... und die Folgen

Der Gesprächskreis akzeptierte die überraschende Erkenntnis, dass eine doppelte Buchführung durchaus sinnvoll sein kann, wenn Klarheit über die Funktionen hergestellt wird:

- Eine Erzieherin kann sich entscheiden, ein Bildungsbuch als Projekt einzuführen, damit jedes Kind die Kulturtechniken Buch und Dokumentieren kennen und gebrauchen lernen kann. Mit diesem Angebot kann sich jedes Kind auseinander setzen und in eigener Regie und Verantwortung umgehen. Die Erzieherin eröffnet dem Kind die Möglichkeit, seine Sichtweise auf die eigene Entwicklung darzustellen und sich im Sinne der Förderung von Lernmethodik dabei zugleich weiterzuentwickeln. So entsteht das Bildungsbuch als Buch, mit dem sich Kinder bilden (siehe unten).
- Im zweiten Fall entscheidet sich die Erzieherin dafür, ihre Angebote und die Ergebnisse von Bildung zu dokumentieren. Durch regelmäßige Fortschreibung wird dieses Bildungsbuch zu einer Dokumentation der Entwicklung jedes Kindes. Es entsteht so etwas wie ein Bildungstagebuch. Wird die Dokumentation als Portfolio gestaltet, können die Kinder Teile der Inhalte – siehe Lerngeschichten – direkt beeinflussen. Federführend bleibt jedoch die Erzieherin.

Ein weiterer Name wird gesucht

Aus der Unterscheidung folgt unmittelbar eine praktische Konsequenz. Es muss geprüft werden, ob die Bezeichnungen Bildungsbuch und Erzieherbuch so übernommen werden sollen, wie sie eingeführt wurden. Wird das Projektangebot an die Kinder oder wird das Instrument der Erzieherin künftig als »Bildungsbuch« bezeichnet?[1] Weil Bildung als individueller Prozess angesehen wird, liegt der Gedanke nahe, den individuellen Aspekt zu betonen und das neue Bildungsverständnis dadurch zu transportieren, dass das individuelle Buch jedes Kindes so heißt, entsprechend der Entscheidung des Kinderhauses Melle. Dabei ist jedoch ein – entscheidender – Nachteil zu beachten. Wird das Wort Buch verwendet, schränkt man die Vielzahl der möglichen Formen ein. Weder kommt der Prozesscharakter der Entstehung genügend zum Ausdruck, noch dürften die Kinder, in deren Hand es liegen soll, ohne weiteres auf die Idee kommen, etwas anderes als ein Buch, eine Mappe oder einen Ordner zu erstellen.

Ein treffender Begriff könnte von Anfang an dem Prinzip der Individualität entsprechen. Vermutlich müsste jedes Kind eine Bezeichnung wählen für das, was es produziert. Wahrscheinlich ist dann, dass sich in jeder Kindertageseinrichtung irgendwann ein Begriff durchsetzt.

Als Arbeitstitel für das Buch in der Hand der Kinder wird nun das »Buch, mit dem sich Kinder bilden« nebst einiger Charakteristika vorgestellt. Danach werden die Überlegungen für das Bildungsbuch in der Hand der Erzieherin fortgesetzt.

Das Buch, mit dem sich Kinder bilden

Mit diesem Buch werden einigermaßen klare Ziele verfolgt, zum Beispiel:
- Kompetenz im Umgang mit einer Kulturtechnik,
- Medienkompetenz.

Ob und wie differenziert diese Ziele gelten, bestimmen die Bildungspläne der Länder.

Die Ziele allein rechtfertigen nicht den Einsatz des Buches, mit dem sich Kinder bilden. Beide Ziele können auch auf anderen Wegen, mit anderen Medien erreicht werden. Erst wenn weitere Ziele und Absichten hinzukommen, kristallisiert sich das Buch, mit dem sich Kinder bilden als nützliches Instrument heraus:
- Es dokumentiert, wie ein Kind die Welt und sich selbst sieht.
- Es unterstützt das Kind dabei, sich selbst Aufgaben und Ziele zu setzen.
- Es ermöglicht dem Kind, sich mit seiner Entwicklung auseinander zu setzen.
- Es fördert Entscheidungskompetenzen, Verantwortung, langfristiges Denken und Ausdauer, Geschichtsbewusstsein, Metakognition, Kreativität, Eigeninitiative ...

Die Erzieherin startet mit einem solchen Buch ein Projekt, das über die gesamte Kindergartenzeit laufen kann. Sie muss sich also für Projektarbeit entscheiden. Das Gute daran ist, dass Projektarbeit eine anerkannte und gefragte Methode pädagogischer Arbeit ist – manche Bildungsprogramme geben sie sogar vor. Projektarbeit ist keine Zusatzarbeit.

---

1 Auch das Angebot ist ein Instrument, ein Arbeitsmittel, um etwas zu erreichen. Der Unterschied soll hier durch die Freiwilligkeit der Nutzung verdeutlicht werden: Für die Kinder ist das Angebot optional, während die Erzieherin im Grunde nicht mehr vor der freien Entscheidung steht, ob sie eine Dokumentation anfertigt, sondern nur noch bestimmen kann, welches Instrument sie wählt: zum Beispiel das Bildungsbuch.

Das Projekt Buch, mit dem sich Kinder bilden, hat den Vorteil, dass es nur eingeführt zu werden braucht. Danach kann die Erzieherin sehen, was das Kind daraus entwickelt. Wenn gleichzeitig Dokumentationen angefertigt werden, an denen das Kind beteiligt wird, erinnert es sich regelmäßig seines eigenen Buches. Natürlich braucht es ab und zu Unterstützung, doch der Zwang, ein bestimmtes Produkt zu entwickeln oder fertig zu stellen, ist nicht gegeben – weder für das Kind noch die Erzieherin. Im Gegenteil: Zu viel Intervention der Erzieherin wäre eher hinderlich. Sie soll doch beobachten, wie das Kind mit seinem Buch umgeht und was es daraus macht.

Wenn ein Kind mit dieser Kulturtechnik nicht umgehen will, wird es nicht gezwungen. Das Buch, mit dem sich Kinder bilden ist ein Angebot, ein Instrument. Nicht mehr, aber auch nicht weniger.

Jedes Kind, das das Angebot annimmt, gestaltet sein Buch nach seinem Belieben. Die Erzieherin unterstützt es darin, seine ihm gemäße Ausdrucksweise zu finden und umzusetzen. Das Buch ist darum nicht notwendigerweise ein Buch, sondern kann viele Formen haben. Startet die Erzieherin das Projekt mit einem Kind, kann es schon zu viel sein, wenn sie fragt: Willst du ein Buch über dich zusammenstellen? Ein guter Projekttitel wäre einer, der kein Produkt vorgibt, zum Beispiel: Was ich (von mir) aufbewahren will...

Die Form des Aufbewahrens klärt sich sicherlich im Laufe der Zeit und mit den Voraussetzungen, die im Kindergarten vorhanden sind oder geschaffen werden können.

Nicht zu vergessen: Das Buch gehört dem Kind, das vollkommen selbst bestimmt, was darin enthalten ist.

Nun endlich: Die zurzeit bekannten Besonderheiten des Bildungsbuchs

Ein Bildungsbuch in der Hand der Erzieherin, das verschiedenartige Dokumente enthält, als Grundlage der pädagogischen Arbeit sowie zur Förderung von Kindern dient und sie darüber hinaus beteiligt, erfüllt zunächst einmal alle Voraussetzungen eines Portfolios. Es ist ein Portfolio. Um als Bildungsbuch zu gelten, muss das Portfolio jedoch weiter spezifiziert und durch Anforderungen qualifiziert werden.

An dieser Stelle scheint die Bemerkung angebracht, dass weder der Gegenstand Bildungsbuch noch die Herleitung seiner Kriterien einem Selbstzweck unterliegen. Es ist im Gegenteil davon auszugehen, dass Dokumentationen so qualifiziert und so begründet wie möglich sein müssen. Zum einen, weil sie zu den pädagogischen Aufgaben gehören; zum anderen aber auch, weil sie als Qualitätsmerkmal gelten. So lange Dokumentationen als Arbeitsinstrument in der Praxis nicht sehr verbreitet sind, ist jede einzelne ein Qualitätsbeweis. Je selbstverständlicher Dokumentationen allerdings vorzufinden sind, desto qualifizierter müssen sie sein, um als gute Qualität zu gelten.

Mit dem Bildungsbuch beteiligt sich die GEW am Projekt Bildungs- und Lerngeschichten. Also liegt der Gedanke nahe, dass eine wichtige Anforderung lauten könnte: Ein Portfolio heißt dann Bildungsbuch, wenn es Bildungs- und Lerngeschichten oder ein ähnliches Instrument integriert. Das ist gegenwärtig noch nicht entschieden.

Der Nutzen? Dem Kind!

Im »Gesprächskreis Bildungsbuch« ist ein Zweck unumstritten: Das Bildungsbuch soll dem Kind zum Vorteil gereichen.

Dieser Anspruch ist so klar, dass er als Prinzip, als allgemeine Regel dienen kann, mit der alle weiteren Faktoren daraufhin überprüft werden können, ob sie zum Bildungsbuch passen.

Bei den Inhalten beispielsweise ist dieses Prinzip die Begründung dafür, ein Kind nur positiv zu beschreiben. Keine Defizite! Zumindest nicht auf Dauer.

Grundsätze zu Verfügungsmacht und Beteiligung

Das Bildungsbuch gehört dem Kind, lautete ein zweiter Anspruch, auf den sich der Gesprächskreis einigte. Damit sollte einer obligatorischen Weitergabe von Dokumentationen aus dem Kindergarten in die Schule vorgebeugt werden.

Die Informationsweitergabe an die Grundschule ist nur dann sinnvoll, wenn sie dem Kind wirklich zum Vorteil gereicht. Das Kind (oder seine Eltern mit ihm) entscheidet, was es der Grundschullehrerin von sich mitteilen will. Mit der Entscheidung, dem Kind das Eigentum am Bildungsbuch zu übertragen, wollte der Gesprächskreis bewirken, dass über Vor- und Nachteile der Weitergabe intensiv nachgedacht wird. Inzwischen ist geklärt, dass hier enge rechtliche Vorgaben eingehalten werden müssen.

Im Zusammenhang damit stand die Diskussion um die Beurteilung von Kindern. Soll das Bildungsbuch auch dem Zweck dienen, Entwicklungsstände festzuhalten? Die Verantwortung für das Kind erfordert eine fachlich qualifizierte Bewertung (nicht Beurteilung!) seiner Entwicklung. Also kann nicht das »Ob« zur Disposition stehen, sondern muss das »Wie« geklärt werden. Hierzu stand bereits fest, dass keine Defizite beschrieben werden sollen. Sollte es dennoch zu voneinander abweichenden Sichtweisen zwischen Erzieherin und Kind kommen, hat das Kind (oder seine Eltern) das letzte Wort, denn ihm gehört das Bildungsbuch.

Die Beteiligung der Kinder an der Erarbeitung des Bildungsbuches scheint ein Weg zu sein, Demokratie zu üben. Kinder erleben sich als Subjekte und Akteure zugleich. Sie erleben, dass nichts über ihren Kopf hinweg bestimmt und festgelegt wird, wenn sie über Inhalt und Verwendung des Bildungsbuches entscheiden dürfen. Die Zuschreibung des Eigentums der Kinder am Bildungsbuch kann darum als materielle Voraussetzung für Beteiligung gesehen werden, die dadurch nicht abhängig von der Entscheidung der Erzieherin ist. Eigentümer müssen in wesentlichen Angelegenheiten Einfluss nehmen können.

Bleibt der Erzieherin unter diesen Umständen noch genügend Einfluss darauf, wie sie ihr Arbeitsmittel nutzen kann? Auf jeden Fall, denn auch als Instrument der Erzieherin kann das Bildungsbuch dem Kind gehören[2]. Das ist der Unterschied zwischen Eigentum und Besitz. Das Bildungsbuch ist Eigentum des Kindes, aber die Erzieherin besitzt es. Sie nutzt es zum Vorteil des Kindes. Sie beobachtet das Kind und fertigt ihre Notizen an. Sie sammelt Werke des Kindes. Sie hält Lerngeschichten fest. Sie wertet aus und plant ihre pädagogischen Angebote. Das ist ihre Aufgabe; dabei hilft ihr das Bildungsbuch. Sie entscheidet, wie weitgehend sie die Kinder beteiligt und deren Anregungen aufnimmt. Diese Verantwortung nimmt ihr niemand ab. Ihre fachliche Qualifikation bestimmt die Anwendung entsprechender Methoden.

---

2 Der Niedersächsische Orientierungsplan sieht das Bildungsbuch als eine Möglichkeit der Dokumentation, die dem Kind gehört. Das heißt, das Kind bestimmt über Inhalt und Verwendung.

Wenn das Kind den Kindergarten in Richtung Schule verlässt, kommt sein Eigentumsrecht zur Geltung. Jedes Kind bekommt sein Bildungsbuch spätestens am Ende der Übergangzeit ausgehändigt, denn länger dürften Informationen ohnehin nicht aufbewahrt werden. Was das Kind dann mit dem Bildungsbuch anfängt, bleibt ihm vorbehalten.

Zum Nutzen des Kindes: Assessment statt Beurteilung

Beschreibungen von Kindern, ihren Kompetenzen, Interessen und Entwicklungen, bergen das Problem der Bewertung. Will man Kinder verstehen und sie auf ihrem eigensinnigen Bildungsweg unterstützen, braucht man eine Einschätzung dessen, was sie bewegt, warum dies so ist, was als nächstes folgen könnte...

Auch Einschätzungen sind Bewertungen. Erwachsene, die für Kinder verantwortlich sind, kommen nicht darum herum. Portfolios in Schweden dienen der Einschätzung, die Lerngeschichten in Neuseeland, das Bildungsbuch auch. Wenn es dem Kind wirklich nutzen soll, warum nicht?

Allerdings hat sich der »Gesprächskreis Bildungsbuch« gegen jede Form einer entwürdigenden Beurteilung ausgesprochen. Entwürdigend sind Verfahren, die die Persönlichkeit nicht achten, die zum Beispiel selektiv auf Defizite abheben und wesentliche Aspekte der Person des Kindes außer Acht lassen. Entwürdigend per se sind Beurteilungen, Verfahren also, mit denen abschließende Urteile über ein Kind gefällt werden, und Verfahren, mit denen das Kind nicht verstanden, sondern nur durchschaut (= diagnostiziert) und abgestempelt wird.

Einige weitere Anforderungen

Über die bisherigen Überlegungen hinaus können bislang nur wenige Anforderungen an ein Bildungsbuch aufgeführt werden. Es gilt:

Die bloße Beschreibung von Erlebnissen eines Kindes genügt nicht für ein Bildungsbuch. Eine Abbildung des Alltags in der Einrichtung oder eine Beschreibung, wie pädagogische Angebote durchgeführt wurden, reicht nicht. Erst wenn die Reflexion der Praxis oder der Erlebnisse eines Kindes in die Darstellung einbezogen wird, ist dies akzeptabel für das Bildungsbuch. Zur Reflexion gehört die Begründung, warum welche Angebote vorbereitet wurden und was daraus folgt. Jedem Dokument sollte eine Hypothese über die gegenwärtige und/oder die zukünftige Bedeutung für das Kind beigefügt sein, verbunden mit der Auskunft, ob und wie das jeweilige Thema weiter bearbeitet wird. Ist dies nicht möglich, muss geprüft werden, ob das Dokument aufbewahrt werden soll.

Manche Eltern notieren zu den Fotos im Familienalbum Anekdoten aus dem Leben des Kindes, zum Beispiel lustige Wortschöpfungen oder Fragen. Ein Bildungsbuch muss sich klar davon unterscheiden. Zwar soll der Originalkommentar des Kindes darin dokumentiert werden, doch dies darf nicht mit der Rubrik Kindermund in der Fernsehzeitung verwechselt werden. Letzteres macht sich über Kinder lustig, selbst wenn es lustig ist. Mit dem Instrument »Stimme des Kindes«hingegen werden Kinder geachtet und unterstützt, sich auszudrücken.

Authentizität und Originalität des kindlichen Ausdrucksvermögens können bewahrt werden, ohne dass ein Kind vorgeführt wird. Selbst wenn sich ein Kind (noch) ungeschickt ausdrückt, kann dies schon ein Fortschritt sein, der dokumentiert und als solcher erklärt wird. Defizite werden nicht dokumentiert.

Das Bildungsbuch soll Entwicklungen und das Bild authentisch wiedergeben, das sich ein Kind von der Welt macht. Damit verständlich wird, was dokumentiert wurde, ist oft ein Kommentar, eine Einbettung in den persönlichen Hintergrund des Kindes nötig. Wenn die Erzieherin eine Äußerung eines Kindes, die des Kommentars bedarf, aufschreiben will, kann sie sich fragen: Wie erkläre ich den Eltern, was daran im Hinblick auf die Bildung des Kindes wichtig ist?

Das Konzept »Bildungsbuch« enthält keine Anforderungen an die Auswahl und die Vielzahl der angewandten Instrumente und zu sammelnden Dokumente. Doch zeichnet sich bereits jetzt ab, dass eine gewisse Vielfalt dem Zweck der Darstellungen besser entspricht als nur eine Form. Ein Sammelsurium an Darstellungsformen aber ist vermutlich kaum geeignet, Entwicklungen festzustellen. Um vielfältige Beobachtungsinstrumente zu nutzen, liegt es nahe, Bild- und Videodokumente einzubeziehen.

Die Eltern nicht vergessen

Im Hinblick auf Eltern lautet die allgemeine Anforderung an die Arbeit mit dem Bildungsbuch: Möglichst weitgehend beteiligen.

Zumindest muss das Bildungsbuch den Eltern gezeigt werden, so dass sie nach eigenem Gutdünken jederzeit Einblick nehmen können. Darüber hinaus soll die Erzieherin den Eltern Gespräche zum Inhalt des Bildungsbuchs anbieten und ihnen ermöglichen, selbst Beiträge einzubringen.

Die Eltern entscheiden mit ihrem Kind über die weitere Verwendung.

Offene Fragen

- Wie häufig sollen Beobachtungen durchgeführt werden? Und wie häufig können sie durchgeführt werden? Was ist unter den gegebenen Rahmenbedingungen von Kindertageseinrichtungen im Alltag sinnvoll? Was nützt den Kindern?
- Wie können Beobachtung und Dokumentation aller Kinder organisiert und garantiert werden? Wie gelingt es, das ganze Team von diesem Ansatz zu überzeugen? Was sind günstige Startbedingungen?
- Wie häufig sollen Eintragungen erfolgen, wie oft soll das Bildungsbuch aktualisiert werden?
- Welche Kontinuität der Themen, Inhalte, Beobachterinnen muss eingehalten werden?
- Wie soll das Verhältnis von dokumentierten Beobachtungen und vom Kind selbst initiierter Selbstdarstellung gestaltet werden; wie das Verhältnis von offenen zu strukturierten oder standardisierten Formblättern?
- Wie lange sollen Beobachtungen gesammelt werden, bevor sie zu Lerngeschichten zusammengefasst oder anders ausgewertet werden? Gibt es Hilfsmittel für die Auswahl? Was muss aufgehoben werden?
- Wie können Beobachtung und Dokumentation bei den Kindern eingeführt werden?
- Wie reagieren die Kinder auf das Bildungsbuch? Was und wie viel gestalten sie selbst? Was sind kindgemäße Formen?
- Gibt es ein Schema oder ein Standardinhalt für das Bildungsbuch, oder herrscht Individualität? Wenn das Bildungsbuch das Bestehende einbezieht und darauf aufbaut, kann es weder gleiches Vorgehen noch ein einheitliches Produkt geben. Gilt das sogar für jedes Kind?
- Welchen Einfluss hat das Bildungsbuch auf die Planung von Angeboten?

Diese Liste ist garantiert nicht vollständig, sondern versammelt nur die bereits bekannten Fragen. Welche Erfahrungen haben Sie gemacht? Welche Fragen haben Sie, die Leserinnen und Leser?

Erfahrungen, Fragen oder Ideen – wir bitten Sie, ob GEW-Mitglied oder nicht, sie uns zur Verfügung zu stellen, damit wir am Thema »Beobachtung und Dokumentation« weiterarbeiten können.

Roger Prott

Die Autorinnen und Autoren

Texte

André Dupuis, Jg. 1956, Erzieher und Diplompädagoge, freiberuflicher Kita-Fachberater und Fortbildner, Stuttgart

Bernhard Eibeck, Jg. 1953, Diplompädagoge, Referent für Jugendhilfe und Sozialarbeit beim GEW-Hauptvorstand, Frankfurt am Main

Gesine Kulcke, Jg. 1971, M.A., studierte Amerikanistik in Hamburg und Northampton (USA), volontierte beim Schleswig-Holsteinischen Zeitungsverlag, freie Journalistin in Stuttgart

Norbert Hocke, Jg. 1952, Erzieher und Diplomsozialpädagoge, Leiter des Organisationsbereichs Jugendhilfe und Sozialarbeit im Geschäftsführenden Vorstand des GEW-Hauptvorstandes, Frankfurt am Main/Berlin

Norbert Huhn, Jg. 1951, Erziehungswissenschaftler, Multimediadesigner, freiberuflicher Fortbildner und Publizist, u.a. Mitautor des Bildungsprogramms für Kindertageseinrichtungen in Sachsen-Anhalt, München

Roger Prott, Jg. 1951, Dr. phil., Diplompädagoge, Diplomsozialpädagoge und Erzieher, Bildungsreferent und Publizist, u.a. Mitautor der Kita-Bildungspläne Berlin und Saarland

Kornelia Schneider, Jg. 1944, Erziehungswissenschaftlerin, Wissenschaftliche Referentin im Deutschen Jugendinstitut, z.Zt. Projekt Bildungs- und Lerngeschichten, München

Fotos

Torsten Krey-Gerve, Jg. 1962, Erzieher, ehem. Kita-Leiter, freiberuflich Fortbildner, Melle